历史深处的管理智慧

2

战略决策与经营运作

刘文瑞——著

图书在版编目（CIP）数据

历史深处的管理智慧. 2，战略决策与经营运作/刘文瑞著. —北京：中国书籍出版社，2018. 5

ISBN 978-7-5068-6843-3

Ⅰ. ①历… Ⅱ. ①刘… Ⅲ. ①管理学—通俗读物 Ⅳ. ①C93－49

中国版本图书馆 CIP 数据核字（2018）第 071647 号

历史深处的管理智慧. 2，战略决策与经营运作

刘文瑞　著

策划编辑： 王志刚

责任编辑： 李　新

责任印制： 孙马飞　马　芝

封面设计： 久品轩

出版发行： 中国书籍出版社

地　　址： 北京市丰台区三路居路 97 号（邮编：100073）

电　　话：（010）52257143（总编室）　（010）52257140（发行部）

电子邮箱： chinabp@ vip. sina. com

经　　销： 全国新华书店

印　　刷： 北京旭丰源印刷技术有限公司

规　　格： 880 毫米 ×1230 毫米　1/32

字　　数： 200 千字

印　　张： 9. 25

版　　次： 2018 年 8 月第 1 版　　2018 年 8 月第 1 次印刷

书　　号： ISBN 978-7-5068-6843-3

定　　价： 98. 00 元

总序

拙作《史海管窥》出版后，得到师友多方鼓励。应博瑞森的掌门人张本心先生之邀，经过修订、补充、重新编排，增加了较多内容，更名为《历史深处的管理智慧》，分三册出版。

当初写这些稿子的动机，是想在历史与管理之间架起一座沟通的桥梁，从中汲取更多的智慧。现在市面上这类书籍越来越多，但总体上依然存在着学科隔阂。以管理为主业的作者，往往从实用角度出发，缺少深邃的史家眼光；而以历史为主业的作者，往往沉迷于典章故事，对现实的理解则流于肤浅。打通历史与管理的任督二脉，可以提高企业经营者的品位。

在旧作《史海管窥》的序言中，笔者曾经说过：英国学者柯林武德在《历史的观念》中认为，历史学是思想的一种形式，神学是关于信仰的思想，自然科学是关于外界的思想，而历史学则是关于人类的思想。历史学要回答的，就是弄清楚人类在过去的所作所为。历史学的基本方法，就是解释各种各样的证据，认识人自身。要知道我们能干什么，就必须看我们过去干过什么。说到底，管理必须从人出发，而人又是历史的产物。无视历史，就会受到历史的惩罚。藐视历史，可能会一时显赫，但最终会被历史所藐视。凡是试图把历史踩在脚下的人，多半会被历史踩在脚下。英国的那位主编过《剑桥近代史》的名人阿克顿勋爵（Lord Acton）有许多广为流传的名言，但有一句名言却往往被人忽视，即“历史的教训就是——所有人都不会从历史的教训中真正学到教训”。

我们不可能割断历史，当我们试图走出现实的迷宫时，历史的路标一直在那里招手。一本好的历史书，可以使我们在喧嚣之中回归沉静，可以使我们在浮躁之后回归坦然。中国历史过于繁复，这种繁复表现在同类事情总在不断上演，如果就事论事，难免失于肤浅。了解点历史的真相，对于深化人的思维有好处。历史不是一个个事件的堆砌，不是一连串年代的累积，也不是一些叱咤风云人物的业绩账簿，历史是一种智慧。透过历史，我们才能更准确、更深刻地定位现实。

但是，不要期望历史能够给当代的管理活动提供现成的答案。比附式的解说历史，机巧式的套用历史，恰恰会失去对历史的尊重。历史的功用，在于增进人们的智识思考，而不是提供现成的模仿范例。对于经营管理来说，当代管理学发源于欧美，有着浓厚的西方色彩。这种管理学，有着强烈的工具理性追求，具有严密的数理支撑，这正是它的优势所在。现代管理绝不能排斥由工业文明产生出来的人类智慧，如果试图以中国传统文化来对抗机器大生产孕育出来的当代管理，那等于是用大刀长矛之类冷兵器对付飞机大炮。我们可以说毕昇的活字印刷术早于古登堡，但如果现在还要用木活字版或泥活字版取代古登堡印刷机，那多半脑子有点问题。然而，这不等于我们可以彻底抛弃或者割断自己的传统。从技术的角度看，传统的管理方法早已过时；但从精神的角度看，传统的文化积淀早已渗透了我们的血脉。管理必须有理性和技术，但不仅仅是理性和技术。对历史经验的探索，对前人智慧的领悟，恰恰可以弥补理性的单一和冷峻。

今天，我们重新观察历史与管理的关系，可以得到更深刻的认知。社会科学领域的大家，往往在深厚的学术浸淫之中面向历史追索智慧，探求本源。经济学家熊彼特曾经说过，经济学包括历史、统计和理论三大块，如果让他重新开始，他将首选历史。其理由有三：第一，“如果一个人不掌握历史事实，不具备适当的历史感或所谓历史经验，他就不可能指望理解任何时代（包括当前）的经济现象”；第二，“历史提供了最好的方法让我们了解经济与非经济的事实是怎样联系在一起的”；第三，“我相信目前经济分析中所犯的根本性错误，大部分是由于缺乏历史的经验，而经济学家在其他条件方面的欠缺倒是次要的”[①]。纵观当今的管理学界，理论的丛林已经十分茂盛，统计的实证研究也遍地开花，唯独历史的分析论证依然薄弱，因此，在历史中发掘管理智慧，尤为重要。实践中的企业家，也可从经验中感受到阅读历史著作有可能比理性计算获得更多的管理启迪。著名管理学家德鲁克，曾经强调斯隆的自传《我在通用汽车的岁月》是最好的管理教科书；而与德鲁克齐名的大师马奇，则一直用文史名作当领导力教材。

随着中国经济的发速发展，越来越多的人寄希望于中国在管理领域获得重大突破，人们对中国话语、中国范式的期望也越来越大，而要掌握中国话语，构建中国范式，就离不开历史

---

① 《经济分析史》第一卷，第29页，商务印书馆1991年版。

积淀。只有认真考察文化基因、行为习惯、民族心理中的历史遗传，才可真正领略中国人的管理智慧。从组织角度看，中国传统的组织建制和运作机制具有强大的生命力；从领导角度看，文武昭宣，唐宗宋祖，个个具有中国特色；从用人角度看，制度安排和选拔锻炼，有着浓郁的本土情境和历史传承；从决策角度看，选择考量和制约机制，处处表现着中国式思维；从价值准则看，礼乐文明和教化体系，彰显着中国独有的治国理政方式。所有这些，都值得我们仔细研究，考察其内在奥秘，端详其外在表现，获得相应的感悟和理解。

西学进入中国后，对中国产生了巨大的影响。西学之长在其分科促成的精细，西学之短亦在其分科造成的隔阂。中国的管理学科，深受来自西方的影响。这种影响从积极方面看促进了中国向现代化的转型，而从消极方面看则是以西方的眼光观察本土资源，置自身于他者地位。现代化以失去主体性为代价。研习中国历史，重建中国自身发展中的主体地位，可以促进西学与中学的融合，推动理论与实践的对接，实现理性与情感的渗透，用中国话语说明管理智慧。中国的进步，既有来自外生变量的应对，也有来自内生变量的滋润。把外来影响与内部生长因子融为一体，方可不失根本。

在中国的管理研究中，既要防范欧美中心主义对本土思想的贬低和冲击，又要防范天朝老大心态对本土思想的夸张和虚骄。中外互为参照，而不是互为支配，在全球化的过程中体现多元化。在管理思想的研究上，真正体现出“理一分殊”的中国思想。以中国的人性假说为例，它从儒家和法家的争论中展开，以善恶为分野和论证标的，不能简单套用却可以与西方的经济人和社会人假说比较。在历史事件中，可以看到支配中国人行为的、已经变成无意识层次的人性假设之内涵和表现。再以中国的社会组织为例，它最早产生于历史上的宗法制，并形成了礼制体系，演化出王朝官僚制。不能照搬但可以参照韦伯和巴纳德的理论，以历史记载说清中国人的行为场域、行为平台和运作规则，从中发掘中国特色的组织原理，并进一步探讨中国历史上的组织体系演变。至于中国传统的行为规则和管理技巧，更需要从多个角度论证其中的本土特色；中国传统的管理思想，更需要还原儒墨道法各家各派思想源流中的管理洞见。本书期望能够在这些方面有所建树。

对中国史有着深刻洞见的陈寅恪先生，强调真正的学问必须从两个方面入手：一是“吸收输入外来之学说”；二是“不忘本来民族之地位”。他以佛教为例来说明这一现象：“是以佛教学说，能于吾国思想史上，发生重大久远之影响者，皆经国人吸收改造之过程。其忠实输入不改本来面目者，若玄奘唯识之学，虽震动一时之人心，而卒归于消沉歇绝。近虽有人焉，欲然其死灰，疑终不能复振。其故匪他，以性质与环境互相方圆凿枘，势不得不然也。”“窃疑中国自今日以后，即使能忠实输入北美或东欧之思想，其结局当亦等于玄奘唯识之学，在吾国思想史上，既不能居最高之地位，且亦终归于歇绝者。其真能于思想上自成系统，有所创获者，必须一方面吸收输入外来之学说，一方面不忘本来民族之地位。此二种相反而适相成之态度，乃道教之真精神，新儒家之旧途径，而二千年吾民族与他民族思想接触史之所昭示者也。”① 在管理实践中，

① 《冯友兰中国哲学史下册审查报告》，载《金明馆丛稿二编》第 283 – 285 页，三联书店 2001 年版。

以外来学说引领未来之走向，以本土地位确立经营之根本，正是陈寅恪先生的心愿所向，也是当今中国管理学界的使命。本书试图为实现这种使命有所贡献，期望得到读者的认可。

刘文瑞

目录

第三章　决策的复杂性

第四章　决策中的信息问题

第五章　对决策者的监督

第六章　制度制定要“瞻前顾后”

第七章　避免制度落地的偏差

第八章　激励与控制

第一章　战略落地的陷阱

1. 从快速扩张到公司崩溃：苻秦的教训

企业快速扩张中，如果不能在组织、人事、经营方向和产品技术等方面形成有机整合，那么，扩张往往是瓦解的前兆。

十六国时期是一个乱哄哄的朝代，史称“五胡乱华”。就连专门的历史学家，也说不清那些游牧民族建立起来的小型政权的具体情况。就在这种混战之中，有一个氐族政权却创立了非凡的业绩，这就是苻坚时期的前秦。

在各路游牧民族首领中，苻坚确实是个人物。他接手的摊子并不好，前秦的开国君主是苻健，而继承苻健的苻生是一个变态的虐待狂，把朝廷折腾得乱七八糟。苻坚被逼无奈，以宫廷政变方式杀掉苻生，当上了“大秦天王”。他重用汉族书生王猛，把王猛看作自己的管仲和诸葛亮，整顿朝纲，惩处豪强，兴学劝农，与民休息，不久就把关中治理得井井有条，老百姓安居乐业，使关中成为他向外扩张的根本之地。

如果把前秦比作公司，前两任董事长不过是搭起个架子，到了苻坚手里，公司才真正有了自己的核心竞争力。任何公司，都有一种扩张的天性。当业务顺手、发展兴旺的时候，就不会再满足于只做一个小区域的生意，而要试图向外扩张。公司的扩张靠商业，而政权的扩张则靠征服。于是，苻坚以关中为本钱，东征西战，所向披靡，向东灭了前燕，向西打垮前凉，向北进逼代国，地盘迅速扩大。前秦由一个地方小公司，很快就通过武力兼并手段，扩展为整个中国北方的龙头老大。这时，苻坚觉得自己实力够了，就开始对寓居东南的东晋打主意。尽管王猛死时曾特别告诫苻坚，不要试图收拾东晋。但苻坚认为，时势变化，没有实力时当然不能谋取东晋，而现在情况不一样了。他算了算，前秦已经有了中国2/3的版图，能够集结起97万兵力，财富山积，军需丰厚。如果仅仅从“资产负债表”和“盈利率”来看，灭东晋不在话下。于是，他听不进任何劝诫，下达了攻击令。表面看来，前秦对东晋具有绝对优势。然而，淝水一战，苻坚兵败如山倒，内乱四起，规模宏大的前秦公司土崩瓦解，彻底破产。

在企业经营中，这种迅猛发展、急速扩张，看起来风光无限却又轰然倒塌的例子数不胜数，同前秦的情况差不多。那么，前秦究竟是在什么地方出了差错？

前秦的主要问题，恰恰是扩张过快过猛，而且在扩张过程中未能形成有机整合。从苻坚由关中出击算起，吞并大半个中国满打满算不过20年时间。这期间是一个接一个的兼并，一次又一次的征服。“九州百郡，十居其七，平燕定蜀，有如拾芥。”领域在迅速扩大，然而，被征服的区域并没有同前秦的根本之地关中融为一体。就好像当今的公司吞并，名义上归到了一起，而实际上各不相干，唯一的作用就是在公司的会计报表上大大增了一次值。苻坚志得意满之时，正是他治下的鲜卑慕容氏和羌族姚氏心怀鬼胎图谋自立之机。这种名合实离的公司结构，潜藏着极大的危机。一旦经营不景气，立即就会分崩离析。如果苻坚不发动对东晋的攻击，而是放慢甚至停止扩张步伐，回过头来整顿内部，实现前秦的整合，消化异己势力，由狂飙猛进转向稳扎稳打，未尝不是可行的战略。然而，在快速扩张面前能够急刹车的决策，不是每个精明的领导人都能做得到的。美国的通用汽车公司，在当年杜兰特时期也有过类似的教训。随着大量并购，公司的经营出现了重大问题，幸亏杜兰特辞职，由皮埃尔·杜邦和斯隆接手，进行了整个经营架构的事业部制改革，才使通用汽车重获生机。这种战略转变，往往需要最高领导人换班才能做到，而前秦不具备这种换班机制。

还要注意的一个问题是，兼并对象的经营方向与原来主打业务的相关度，也是兼并能否成功的一个重要因素。前秦在兼并前燕前凉时，应该说都属于北方民族，尽管族属不同但社会结构和治理方式都差不多。所以，前秦在这一时期所向无敌。然而，东晋属于中原正统政权的延续，在“华夷之辨”的传统中，无论是社会结构还是治理方式，都同前秦差别较大。因此，即使没有淝水之败，苻坚的兼并也大有问题。麦当劳把连锁店开遍了全世界，但它绝不会让中国的连锁店去经营北京烤鸭或者重庆火锅。所以，王猛临终前告诫苻坚："晋虽僻处江南，然正朔相承，上下安和，臣没之后，愿勿以晋为图。"（《资治通鉴》卷一〇三）这是有深意的。从公司经营的角度看，前秦没有形成有机整合，而东晋却在王导和谢安等人的主持下，成功实现了北方南迁的士族与三吴土著士族的融合渗透。所谓"正朔相承"是指其文化上的优势，所谓"上下安和"是指其组织与人事上的整合。

由此可见，企业兼并，不能光看产品和利润，而且要看组织、人员、技术、文化能否形成整合优势。这种优势，不仅仅是会计报表的优势。如果只看到资产负债表的数据，就有可能犯苻坚的错误。

2. “做大做强”的陷阱：隋炀帝的雄心受挫记

决策中如何留有余地，如何及时刹车，需要“做大做强”的企业家认真思考。隋炀帝给人们提供了这方面的反面借鉴。

隋炀帝在中国历史上名声远扬，不过不是好名声。正史中对隋炀帝没有多少好话，民间传说更不堪入目。但是，这样一位与殷纣王齐名的暴君，后来的史学界却一直有人为他打抱不平，隔一段时间总会看到为他叫屈的文章。原因无他，实在是因为这位暴君太聪明太能干了。

想当初，隋炀帝杨广年仅 20 岁时，统领天下大军伐陈，实现统一。军事上的才能暂且不谈，单凭在征战中能做到纪律严明，秋毫无犯，就显示了他的过人之处，“天下皆称广，以为贤”（《资治通鉴》卷一七七）。他称帝前的功绩，同后来的唐太宗有一拼；而夺得帝位的手法，也同唐太宗差不多。但两人当皇帝后的行为却大相径庭，所以也就导致后来的史书对他们的评价形成天壤之别。这一切，究根问底，都是隋炀帝的聪明能干害了他，生生把隋文帝苦心经营的江山断送了。

杨广当上皇帝的时候，天下初平，百废待举，正是大显身手的好时机。智力过人、怀有雄才大略的隋炀帝，当然不会放过这种历史机遇。于是，在他的领导下，各项大规模建设轰轰烈烈开展起来。如果说修建东都洛阳还可以算是面子工程，那么修建大运河则是亘古未有的大手笔。至于远征西域，巡行张掖，毫无疑问是拓展疆土、安定边疆的必要措施。包括史书上颇有微词的三征高丽，如果放在古代帝国的背景下观察，不但算不上致命失误，而且还要看作扬威天下的重大进展。还有在政治上创立科举制，在文化上引领古代诗歌的雄浑之风等等，都反映了隋炀帝的非凡才能。那么，这样一位赫赫有名、才华横溢的杰出人物，为什么会走上了身亡江都的不归路？这一点，很值得人们思索，尤其值得那些蒸蒸日上的企业家引以为戒。

实际上，经营一个公司同经营一个王朝相比，道理上差不了多少。任何公司，经过了起步阶段的艰苦创业后，一旦奠定了发展的根基，很容易就会被快速起飞的想法所主宰。如果凑巧公司的总裁有着杰出的智慧和能力，那么，“做大做强”几乎是铁板钉钉的事。但是且慢，如果意识不到发展道路上的陷阱和荆棘，那就很可能犯隋炀帝式的错误。现实中的企业，不乏隋炀帝式的经营者，更不乏雄心勃勃的大手笔，但一个个辉煌，都已经变成转眼即逝的流星，越耀眼陨落越快。

隋炀帝的失误，首先是没有认识到资源的有限性。企业的倒闭，往往也是从资金链断裂等环节开始的。“量力而行”说起来简单，但隋炀帝式的人物总是搞不懂自己的实力边界在哪儿。如果用现代决策理论来分析，很难说隋炀帝做的都是错的。单纯就那些“大手笔”来看，似乎每项都值得做，而且都有可行性。拿当时隋朝的人力物力财力衡量，做那么一件两件未尝不可。然而，隋炀帝过于雄心勃勃，全面开花，尤其是根本不考虑“大项目”在实施中的后续支出膨胀和连锁反应问题，这就使他在项目上马后陷入了困境。现实决策中，掌舵人必须考虑“沉没成本”。任何一项决策，在实施中一旦发现资源不足，就会使掌舵人陷入两难：放弃则前功尽弃，“沉没成本”打了水漂；继续则实力有限，除非“挖潜增效”甚至“割肉补疮”。在这种情况下，决策者往往会被未来的辉煌所诱惑，总打算咬咬牙挺过这一关。但从概率的角度看，一旦资源匮乏，能挺过难关的是极少数，大多会中途夭折。历史不容假设，然而如果隋炀帝运河修了一半而中止，或者高丽没打下来干脆收手，都不至于失败得那样惨。在这个问题上，决策者应该有这样的意识——半拉子工程或者烂尾楼，也比全面崩盘好。明智的决策者在诱惑面前，首先要学会放弃。

其次，越是强盛，越要考虑无为而治，对积极性要有适当压抑。当一个企业蒸蒸日上时，你得有“过冬”的准备。尤其是部下都跃跃欲试想大干一场时，掌舵人要学会泼冷水。所谓无为而治，并不是真正的无为，而是落脚于“治”。如果部下发热，领导就得适当降温。当然，如果部下冷漠，领导就得加温。“上下一心”是事业上的追求，而不是一起发烧。开车时能不能及时刹车制动，不是发动机的责任，而是司机的责任。隋炀帝就是一个不高明的车手。文帝打造了一个新的统一帝国，就好像开发出一种前所未有、功率极大的新款车，而炀帝则只会领略最高车速的惬意，却不能在飘起来时减速。这样飙车，十有八九会坠入深渊。

所谓可持续发展，就得以隋炀帝为戒。而“烈火烹油、鲜花着锦”之盛，从来不能持久。老子云“飘风不终朝，骤雨不终日”（《道德经》二十三章），就是这个道理。唐太宗和隋炀帝相比，能力上不见得强多少，但他能克制，会收敛，起码在执政早期是这样。隋炀帝式的聪明并不可靠，等到哀叹自己的漂亮脖子谁来砍的时候，一切都无济于事。只有认识到这一点，才不至于把企业变成耀眼的流星。

3. 要虚名还是要实惠：攻韩还是伐蜀的选择

企业在迅速发展中，要虚名还是要实惠，往往是一种选择困境。如何不被虚名困扰，做到名至实归，是对发展战略的考验。

战国时期，商鞅变法以后，秦国的实力迅速崛起，向哪儿发展，成为摆在秦国君臣面前的重大战略选择。这就像现在那种业务迅速膨胀的企业，必须寻找新的市场和新的投资领域。

公元前316年，地处中原的韩国向秦国发动了攻击。同时，今天川渝一带的巴国和蜀国也打起来了，双方都向秦国告急求救。秦国此时的实力，恰好能够借机进行扩张。但是，尚不具备同时两线作战的能力。是打韩国还是打巴蜀，秦国君臣有一场争论。

丞相张仪主张打韩国。他认为，韩国的三川是天下中心，地处韩国的周王室是名义上的天子。拿下三川就可以取得中原腹地，控制周王室就可以挟天子以令诸侯。人们常说争名于朝，争利于市，三川和周室就是天下的朝和市。只要同韩国的两邻魏国与楚国修好，拿下韩国的三川没有问题。

大将司马错提出反对意见，主张打蜀国。他认为，富国必须扩地，强兵必须富民，王业必须修德，这三者是得天下的资本。秦国同关东强国相比，依然地小民贫，因而只能从容易的地方下手。以秦的实力攻蜀，就像豺狼驱羊，万无一失。而蜀国又是西南戎翟中最强的。其地可以广国，其财可以富民，拿下它还可以获得禁暴止乱的名声。“拔一国而天下不以为暴，利尽西海而天下不以为贪。”（《史记·张仪列传》）如果攻打韩国，劫持周室，秦国获得的是恶名，而未必获得实利。更重要的是，韩国和周室知道自己无力抵御秦国，势必求救于齐、赵、楚、魏，以三川的地盘送魏，以象征天子权力的九鼎送楚，那么，秦国就危险了。

秦惠文王采纳了司马错的意见，举兵向蜀，进展顺利，得到了蜀国的大片土地民众。“蜀既属秦，秦以益强，富厚，轻诸侯。”（同上）加上以前秦国对关陇和北地的经营，积累了足够的本钱。正是有西南和西北两大区域的支撑，奠定了秦国席卷关东六国的雄厚基础。

当今的企业，在发展过程中，也会面临这样的选择。要虚名还是要实惠，往往会使经营者陷入两难困境。在这种困境面前，由于各种各样说得出口和说不出口的原因，总有相当一部分人会被虚名所迷惑，最终被虚名压垮。打开那些企业经营中的失败案例，这种因为追逐虚名而垮掉的公司比比皆是。当年胡志标经营的爱多，秦池在央视拿下的“标王”，无一不是前车之鉴。最典型的，莫过于史玉柱的巨人大厦。为了争得“第一”的名声，不惜代价不断增高楼层，导致红极一时的巨人集团轰然倒塌。这些教训，值得当今的企业家深思。

即使是经营得非常好的企业，也会在虚名面前踌躇不安。有些管理学家就对通用汽车同日本汽车争夺世界销量第一的角逐提出过尖锐批评，认为日本人不图销量第一的虚名，获得的利润却远远超出了通用，技术创新更是走在了通用前面。还有人对世界500强的贡献和中小企业的贡献加以比较，发现真正的市场获胜者是那些名不见经传的中小企业，发出了“排行榜害死人”的感慨。当然，这些观点还是有争议的，但是，仅仅相关问题的提出，就足以使人们警惕。

必须指出，不务虚名不等于不要名声，而是要做到名至实归。如果为了实惠而不顾名声甚至声名狼藉，那就等于自己拆自己的台。历史上秦国的争论，假如去伐韩，秦国会得到强盛的虚名但同时也是恶名，而伐蜀，秦国不但得到极大的实惠而且也得到了“助弱御强”的好名。如果没有巴国的求救而直接攻打蜀国，秦国虽然能获得实惠，名声却不大好。秦国君臣的高明，就在于他们通过辨析，不失时机而兼获二者。由此来看，秦国后来能完成统一大业，自有它的道理。

4. 顶层设计如何接地气：《礼记》的启示

自下而上的经验积累和不断试错会产生出有效的制度，自上而下的理性演绎和强令实施则会制造出自负的陷阱。

作为中国人，都知道四书五经是儒家学说的代表性经典。如果没有读过原文，只是按照教科书的介绍来了解四书五经，很容易把它看作儒学的“顶层设计”。但是，只要读过四书五经的原文，不管对儒学持什么观点，批判的也好，赞扬的也好，都会对“顶层设计”的说法产生疑问。

以《礼记》为例，这是最容易产生“顶层设计”误解的一本书。从各种教科书中了解《礼记》，会认为它是关于礼制体系的代表作，对古代的礼仪系统给出了全面的解释，阐述了礼制在君臣大义、社会等级、教育训导、纷争辨讼等方面的规范作用。即便引用原文，也有可能会印证这种教科书式的套话，人们首先会看到礼制的大义概括：“夫礼者，所以定亲疏，决嫌疑，别同异，明是非也。”其次会看到礼制的意义综述：“道德仁义，非礼不成；教训正俗，非礼不备；分争辨讼，非礼不决；君臣上下父子兄弟，非礼不定；宦学事师，非礼不亲；班朝治军莅官行法，非礼威严不行。祷祠祭祀供给鬼神，非礼不诚不庄。”再进一步就会看到井然有序的礼制具体内容，分为吉礼、凶礼、宾礼、军礼、嘉礼五个方面，具体到一举手一投足，都有不厌其烦的规定。至此，你可能丝毫不会怀疑礼制的顶层设计性质，而且还有可能发出感叹，古人怎能考虑得那么全面？

然而，如果真正读《礼记》原文，可能会产生不一样的观感。但这需要耐住性子，逐字逐句而不是跳跃扫描式地把那些过于啰唆甚至有点絮絮叨叨的细节陈述看下去，你就能看到，同样的礼节，在不同事务中会采用不同的表现方式，尤其是不同人物、不同年龄区段，礼仪规范有着种种差别，这会给读者提供一个可以想象的场景，使读者产生现场感。而这种现场感是顶层设计创造不出来的。再进一步就不难发现，所谓礼仪，本质上是社会交往具体实践的经验总结。例如，关于进门，《曲礼》要求外来者先看门口，门口有两双鞋，就说明屋内有二人，能听见屋内说话则进，听不见说话则不进；进门时，眼光要看着脚下；进门后，门原来开着就继续开着，门原来掩着就把它再掩上，等等。如果看到这里，你还会认为礼制是顶层设计吗？

真正读完《礼记》，而不是只看那些官话套话式的介绍和评价，就能得出结论：这样的礼制，绝不是顶层设计出来的，它只能来自于具体的生活实践。礼源于俗，《说文》的解释是："俗，习也。"而习的本字从羽（習），同鸟有关。《说文》称："習，数飞也，从羽从白。"如果再查查《说文》羽部就可发现，古人关于鸟的飞翔有多种描写。同样说飞行，習和翔就有着细微差别，習是"数飞"（向前飞），翔是"回飞"（盘旋飞）。鸟盘旋飞时翅膀多是不动的；而向前飞时翅膀要不停扇动。由此，人们才把类似于扇动翅膀的重复行为称为習，而習的积累固化就变成俗。習和翔的细微区别，由习到俗的演变，无论如何也是顶层难以设计出来的，只能在实践中逐渐形成。如果不了解習的翅膀扇动本义，单纯看经过长期演变到今天简化的"习"字，恐怕绞尽脑汁也想不到"凉风习习而生"的原貌。

辨析习字的本来面貌，无非是想要说明，在礼制和习俗的关系上，不要迷信顶层设计。古代中国能够成为礼仪之邦，不是圣人设计出来的，而是民间演化出来的。所谓圣人（例如以制礼作乐而著称的周公），是习俗实践的总结归纳者，而不是靠着某个"正确理念"的演绎设计者。人类社会的进步，是在不断试错中向前行进的。没有实践中的不断试错，就无法得知什么是"正确"。过于迷恋顶层设计，认为通过顶层设计就可以不需要试错过程，本质上是一种理性的自负。

再以法律制度而言，清末民初，中国面临着重大的制度转变，王朝时代的中华法系要实现近代转变。但是，这种转变如果不考虑中国历史上的司法习惯，单纯依赖近代法制理念，设计出一个表面上完美无缺的新型法制体系，那就很有可能在实践中行不通，出现俗语所说的“不接地气”。面对这种局势，晚清到民初，当局进行了大量的中国各地民商事习惯调查，并力求把这些习惯融入新的民商法内容之中。而在持顶层设计观念的人看来，习惯要遵从法律，而不是法律需融入习惯，所以，这种调查和尊重是对旧制度的退让，是对新制度的“反动”，需要彻底摈弃。在革命思想的支配下，中国曾经出现过一些全然不顾旧有社会习惯的新法新制。然而，顶层设计者可能没有想到，旧有习惯会使新订法律的实施折扣过大而变成一纸空文，新订法律的强行实施又会彻底摧毁旧有秩序，结果使中国进入了无序状态。这种无序又会积累出更多问题，为了解决层出不穷的问题，又需要更权威、更高端和更全面的顶层设计。在中国社会的转型中，一直存在着底层实践的习俗和顶层理念的设计之间的冲突乃至脱节。

批评顶层设计，并不是说底层习俗就无可挑剔，更不是说需要绝对遵守习俗，而是要从方法论角度看到顶层设计的迷失。从实践习俗出发，是强调人类行为的试错性，承认理性有限，“正确”是在不断试错中逐步积累形成的。从顶层设计出发，是强调正确理念的主导性，认为以正确的制度规范纠正习俗谬误是天经地义的合理行为。前者是经验主义思路，后者是理性主义思路。我们并不反对理性建构，但是，脱离了经验制约的理性建构，很有可能会建构出最终崩溃的“侏罗纪公园”。读《礼记》可以得知，即便是顶层设计，也需要“因俗以制礼”。

第二章　战略谋划面面观

5. 战略设计以资源为据：《隆中对》的战略制定失误

战略必须有相应的资源支撑。没有确切的资源计算，只有煽情的文学描述，是古代文人治国的通病。

诸葛亮的《隆中对》一直是脍炙人口的名篇，有不少人把它作为古代战略分析的典范，它也确实赢得了历史上的高度赞扬，未出茅庐而三分天下，体现了诸葛亮过人的战略眼光。然而，如果从管理角度仔细分析，我们可以发现，《隆中对》不乏失误之处。批评诸葛亮并不是特意标新立异，更不是站在今天的角度给古人找茬，而是试图寻求一种可能超越古人的途径和方法。

诸葛亮为刘备描绘的战略使命，是顺着刘备“欲信大义于天下”的兴复汉室旗号，寄托重建统一王朝的理想；能够看得见的愿景，是“跨有荆益”造成鼎立之势；攻守策略，是利用刘表的见识浅薄和魄力不足，先取“北据汉沔，利尽南海，东连吴会，西通巴蜀”的荆州，占据“用武之国”的地利；再取“沃野千里，天府之土”的益州作为后盾，呼应四战之地的荆州；面对北方拥有百万之众、挟天子而令诸侯，“诚不可与争锋”的曹操，据有江东、已历三世，“国险而民附，贤能为之用”的孙权，内修政理，外结孙权，待机而起，以宛洛为主攻方向，以秦川为侧翼呼应，进取天下。这一设想如果完全实现，确实可以做到“霸业可成，汉室可兴”。后人对此多有称道，却鲜有刨根问底吹毛求疵者。如果细究，不难发现，《隆中对》在战略分析层面，尤其是对实力和资源分析打了马虎眼，埋下了知其不可而为之的伏笔。

大体上，《隆中对》的失误，首先表现在资源分析的不确切上。对资源缺乏精确的计算，只是一种大略的估计，这是中国古代文人治国的通病。黄仁宇之所以批评中国古代缺乏“数目字管理”，大致也是出于对这种现象的感慨。刘备当时没有多少本钱，却又急迫寻求崛起的途径。为他提供咨询方案的诸葛亮，以《隆中对》的形式为刘备提供了一个相当诱人的咨询报告。但是，这个报告的致命缺陷，正在于这种诱人的前景缺乏资源支持。诸葛亮的分析，仅仅考虑了当时的地理态势和集团分布，对刘备手里所掌握的、可利用的、可借用的各种资源是有所夸大的。

透过“三分天下”设想的表象，我们可以看出，这一战略的实现，起点在于掌握荆益二州。即便有了荆益二州，其实力依然不足以挑战曹操。所以，《隆中对》的全部战略构想都建立在联吴的基础上。而在某种意义上，蜀吴联合，在多数情况下是蜀的一厢情愿。对此，以诸葛亮之聪明不可能看不到，但是，为了使三分天下的战略设计能够站住脚，他在为刘备提供咨询报告时，有意不谈联吴的种种困难。对此，精明的刘备也十分清楚，他们只谈联吴的价值和意义，而不谈联吴的可行性，不过是出于自身利害关系的选择性失明而已。

当然，在曹操的进逼面前，联吴的可能性不是没有。问题是这种联合抗曹的积极性，蜀远远大于吴。此后曹操向吴国发起的进攻，客观上大大助了刘备一臂之力，使吴蜀联合变为现实。但是，在这种联合中，吴国的获益远远比不上蜀国。所以，此后这种吴蜀之间的战略伙伴关系一直磕磕绊绊。而到关羽的刚愎自用破坏了吴蜀关系后，《隆中对》的战略设计就已经基本失败。

对于一个管理咨询者来说，在提出咨询报告时，不考虑现实资源对战略目标的限制，这个报告就很成问题。《隆中对》的失误恰恰在这一点上暴露无遗。当联吴还具有很大的不确定性时，“三分天下”的设想就把它当作一个确定前提来看待，这是后来蜀国战略失败的重要原因之一。而吴蜀联合的力量不对等，吴国君臣那种“吃了亏”的感觉，又使这种联合孕育着裂痕。后来刘备不听劝阻同吴国翻脸，不完全是为关羽复仇，很有可能是对吴国咄咄逼人的压力的一种反弹。因为失去荆州后，蜀国的战略已经受到致命打击。对刘备这种人来说，事业前景的断送，远比兄弟之情更容易导致孤注一掷行为。

当然，我们完全可以把《隆中对》看作一个试探性、摸索性的战略构思。然而，在刘备君臣后来的实践中，显然不仅仅是把它当作构思，而是当作操作性方案。所以，尽管有实施过程中的细节调整，比如诸葛亮经营南中，后来又经营陇地，都是用来增强自己的战略实力，弥补原来完全依赖联吴的战略局限。但是，当吴蜀联合已经出现危机时，蜀国君臣并不能及时做出根本性战略调整。究其原因，在一定程度上是由于《隆中对》并未给后续的战略调整留下足够的余地。

分析《隆中对》的失误，不是吹毛求疵。恰恰相反，这一战略设想是非常杰出的，唯其杰出，所包含的失误才具有致命性。《隆中对》作为古文名篇，可以为我们提供很好的教益。然而，在中国当代的管理咨询中，我们不难发现，类似于《隆中对》这种轻视资源限制、缺乏条件分析、没有调整余地的报告，还屡屡出现。以文学笔法描述一个诱人前景，而不是以理性分析冷峻对待现实，这是战略研究之大忌。

6. 诱人使命背后的危机：《隆中对》的战略衔接失误

任何战略，都要做到使命与策略的衔接。高调诱人的使命，无论多么吸引人，没有可实现的策略，最终不过是美丽的肥皂泡

《隆中对》的战略失误，除了资源限制外，还表现在使命与策略的关系上。

战略是为了实现使命的，所以，任何战略，在具体策略设计上，都要表现出策略与使命的衔接。而《隆中对》在这一点上，恰恰犯了战略之大忌。

同曹操和孙权相比，刘备要地盘没地盘，要实力没实力，

他的优势主要在于“皇叔”身份。所以，为了保持道义上的优势，更实际的是为了增强自己的号召力，刘备是以“兴复汉室”为口号的。不管他是否出于内心的真诚，外表上冠冕堂皇的旗号不能丢。即“欲信大义于天下”。这一选择，无论从哪个角度来看都是可取的。但是，占据道义优势并不等于具有可行性。当刘备把自己的使命定位于“兴复汉室”时，这种充满道德责任感的愿景，不过是抢占了一块只存在于想象之中的虚幻高地，并无实现的可能。对于这样一个基本没有多大期望值的使命，诸葛亮给出了三分天下的对策。而这个对策，只要联吴抗曹成功，就可以变为现实。这正是《隆中对》被人们称道的地方。变虚幻为真实，进而把历史上屡见不鲜的割据称雄变为兴亡继绝的义举，这无疑具有化腐朽为神奇的魔力。

用一个非常高尚、非常正义的使命作为战略选择的理由，好处是巨大的。尤其是在中国的传统思维支配下，相对于实体和目的上的正当性而言，人们一般不重视程序和手段上的正当性。而且，有相当多的人会认为，只要目的正当，就可以给不太光彩的手段穿上道德的外衣。比如，以刘备而言，为了兴复汉室，从同样是汉朝宗室的刘表、刘璋手里夺取荆益二州，会显得理直气壮。

问题是，这种高尚的使命和现实的策略，能否做到紧密衔接？从《隆中对》来看，这种衔接是有疑问的。因为仅仅据有荆益二州，只能算割据一方，不能算兴汉大业。所以，诸葛亮把这种衔接巧妙地寄托在一个虚无缥缈的“天下有变”的机会上。“天下有变，则命一上将将荆州之军以向宛洛，将军身率益州之众出于秦川，百姓孰敢不箪食壶浆以迎将军乎？诚如是，则霸业可成，汉室可兴矣。”这固然十分美妙，然而，诸葛亮回避了一个战略设计必须回答的问题：如果“天下无变”，没有这样的机会该怎么办？

答案很简单，如果没有这样的机会，策略与使命就无法衔接。于是，这一战略就带来了一个很要命的后果，“天下无变”，也得按“天下有变”来操作，否则就失去了道义上的正当性。正是这种战略失误，使得三国之中实力最弱的蜀国，到后来不顾一切进行北伐，六出祁山的行动方案就是这样出台的。尽管以诸葛亮之聪明，不会看不到这样做的危害，但不这样做，就等于放弃了信誓旦旦的使命。所以，明知扛不起“兴汉”的大旗，也只能硬着头皮扛起来。蜀国的困境，恰恰是最初的战略目标造成的。既然“汉贼不两立”，那就得拼上命去对付“贼”。

更重要的是，“兴复汉室”使蜀国在称帝问题上陷入了两难。当曹丕称帝后，刘备该怎么办？按照战略使命，刘备应该坚持不称帝，讨伐曹魏，扶立汉室正宗。但是，蜀国君臣上下都知道，这个使命不过是个旗号，当不得真。刘备不称帝，就不能满足大臣将领的心愿，会失去众望，人心涣散。对此，连诸葛亮也不得不以十分勉强的“大王刘氏苗族”为理由而劝进。但是，正是称帝之举，使“兴复汉室”的使命蒙上了“窃命”的阴影。为了抵消这种阴影，保证旗帜不倒，尽管“益州疲弊”，也要“北定中原”，在不顾实力的道路上越走越远。

恢复汉室和三分天下之间的不衔接，是《隆中对》在战略设计上存在的重大缺陷。类似的战略失误，值得令人引以为戒。尤其是那种高调诱人的使命，能否有现实可行的策略与之衔接，是判断战略优劣的一个重要标尺。

7. 战略实施要有调整余地：《隆中对》的战略目标失误

人不是神，不可能预定好一切，所以，制定战略应当明确战略转移的边界条件。撞了南墙还不回头的战略，肯定不是好战略。

任何战略，在实施中都存在着信息反馈和不断调整。人们的理性是有限的，不可能做到十全十美，所以，在进行战略设计时，能不能预留出实施中调整的空间，是衡量战略优劣的一个重要尺度。

诸葛亮的《隆中对》，从整体来看，显然是一个“两步走”的战略。第一步是“三分天下”，第二步是“兴复汉室”。

后来人们对它的高度赞誉，实际上只与第一步有关。可以说，在刘备取得荆州和益州，建立自己的战略根据地时，《隆中对》的设想有如高屋建瓴，尽管存在着资源不足的缺陷，但不失为一个极具发展潜力的构思。所以，在刘备建国的第一步，《隆中对》具有极大的积极意义。然而，当它进入第二步时，问题已经暴露无遗。

战略调整需要审时度势。这种调整可以分为两种：一种是战略总目标可行，仅需要根据实施中的反馈信息进行枝节调整；一种是发现战略总目标无法实现，需要对目标进行根本性调整。《隆中对》本身，没有留出这种根本调整的空间。尤其是当刘备“创业未半而中道崩殂”，蜀汉面临着战略调整的重大关头时，原本就主持战略设计的诸葛亮，在“益州疲弊”的危急存亡关头，依然坚持原定战略目标不变，在平定南中之后，以北伐态势表明了自己坚持第二步战略的信心。“今南方已定，兵甲已足，当奖率三军，北定中原，庶竭驽钝，攘除奸凶，兴复汉室，还于旧都。”《三国志·诸葛亮传》）很明显，诸葛亮认为，蜀汉的战略只需要枝节调整，不需要改变战略目标。

那么，诸葛亮的判断是否恰当？就以他脍炙人口的《出师表》而论，人们在赞扬其鞠躬尽瘁的耿耿忠心时，往往忽略了“益州疲弊”和“北定中原”之间的不配套。而明知实力不够还要坚持北伐，固然有诸葛亮以此表达忠于先主遗志的意图，有前期经营汉中等地已经付出的沉没成本考虑，但最根本的，就是他认定《隆中对》的战略目标不可更改。

有意思的是，后主刘禅在这个问题上恰恰同诸葛亮不一样。史学界有人认为，刘禅并不是个傻瓜。假定这种说法成立，那么，刘禅的“胸无大志”何尝不是一个调整“兴复汉室”战略目标的信号。但鉴于刘备的“托孤”，鉴于诸葛亮的实权和威信，“扶不起的阿斗”只能以自己的消极来表达自己的不同意见。即便刘禅真是弱智，那么，哪怕他仅仅是一个名义上的皇帝，哪怕丞相如何出类拔萃，也得考虑一下最高领导人的阻力对战略实施的影响问题。

让我们换成公司来考虑，一个“董事长”要放弃、而“总经理”却要坚持、实力又处于劣势的并购计划，成功的概率有多大？

诸葛亮是绝顶聪明的，然而，他为何还要“知其不可为而为之”？原因之一，就是当初《隆中对》的战略目标具有不可更改因素。刘备集团先前的所作所为，都建立在兴复汉室的前提下。一旦更改这个目标，就等于彻底否定了原来的行为正当性。因此，《隆中对》从提出伊始，就决定了这一战略目标只能一条道走到底，无法实现类似于“彼可取而代之”“苍天已死，黄天当立”的战略转换。既然战略目标不能调整，所以具体方法也就难以大幅度转向，吞并天下不能转换为保境安民，攻势不能转换为守势，都是在所难免的。

后人“出师未捷身先死”的感叹，实际上包含一个误区——即假如诸葛亮还活着就能打败曹魏。这种误判古今中外屡见不鲜，所以更有警示价值。比如，谈到鸦片战争中林则徐被罢免，人们不禁叹气，好像如果道光不罢免林则徐，林则徐不离开广州，就能打败英国人（关于这个问题，茅海建《天朝的崩溃》一书有相当深刻的论述）。谈到通用汽车的破产保护和重组，人们也会产生联想，“假如斯隆再世”，似乎通用就不会出现危机了（德鲁克同斯隆的观点分歧，正同这种对未来危机的预见有关。德鲁克认为通用的战略实施多年取得巨大成功后肯定需要改变，而斯隆认为以往的成功说明这种战略需要坚持）。这种思维，实际上是没有把战略本身的失误和人员运作的失误区别开来。固然，有很多战略失败，是相关人员搞砸的；但也有很多战略失败，是战略本身的问题。尤其是那种表面很诱人的战略，更容易使人们产生判断失误。

当然，是否需要做出根本性的战略转移，归根到底要依赖于战略设计时确定转换战略目标的边界条件。《隆中对》竖起的兴复汉室大旗，从一开始就是拒绝战略转换的。因此，根本就不可能设定战略转换的临界点。所以，刘禅放弃“兴复大业”的行为，就变成了一种“战略背叛”。

现实中，这种不能转换的战略，一旦失败，人们往往归因于没有坚持下来，而且还会振振有词地强调：“最后的胜利产生于再坚持一下的努力之中。”对于这种说法，我们不妨想想，诚然，有通过坚持和韧性取得成功的战略，但也有因为坚持而失败得更惨的战略。当年，史玉柱的巨人大厦坚持了，秦池白酒的央视标王也坚持了。结果如何？所以，一个战略目标是否值得坚持，要根据具体情况而定。

对于经营来说，有不适当的战略转换导致目标舍弃出现问题的。当年，柯达在经营战略上果断放弃照相机业务，聚焦于胶片业务，取得了极大优势。于是，这一战略转移成为 MBA 的成功案例。但是，随着数码相机的兴起和胶卷业务的萎缩，从更长时段看这一战略转移是否成功又产生了疑问。60 年代，松下幸之助果断放弃计算机，被看作明智，然而，随着 IBM 的崛起，松下的放弃是明智还是短视也成了问题。“一根筋”式的坚韧，和“撞南墙”式的固执，有时候很难区分，中间只有微妙的差别。对此，我们不奢求一个战略能够“千秋万代”，但是，我们必须在现有条件下，在战略设计中做出是否需要重大调整的临界标准设定。古人不可能对这种战略转移的临界点进行数理分析式的严密论证，寄希望于诸葛亮做出麦肯锡式的战略转移临界点分析，无异于责备关羽为什么不用机关枪。

批评《隆中对》，不是说故意要同诸葛亮过不去，而是提醒人们在赞誉古人的同时，要清醒地看到我们可以超越古人也能够超越古人的时代进步。

8. 如何判断战略的高下：三国战略比较

诸葛亮的《隆中对》最为高调，它之前鲁肃的《江东对》更为务实，曹魏“挟天子以令诸侯”更易操作。比较三者，可以得到战略设计上的启迪。

在诸葛亮之前，就有人提出过与《隆中对》类似的战略，这就是鲁肃在建安五年初见孙权时所献的对策，可称之为《江东对》。

鲁肃当时刚刚出道，在周瑜推荐下拜访孙权，已经清楚地看到曹操的实力，建议孙权“鼎足江东，以观天下之衅”（《三国志·鲁肃传》）。鲁肃所说的鼎足，是以曹操占据的北方为一方，孙权盘踞的江东为一方，刘表刘焉分领的荆州益州为又一方。在一定意义上，鲁肃与诸葛亮所见不谋而合。所不同处，在于两人的对象不同，所以对“鼎足”的设想有区别。

应该说，鲁肃的“江东对”设想更实际。因为鲁肃辅佐孙权之时，东吴的实力是现成的；而诸葛亮提出隆中对之时，刘备是兵败后逃到新野，寄居樊城，还没有实力立即取代刘表。所以，鲁肃的“鼎足”，其三支力量是现实存在的；而诸葛亮的“鼎足”为两实一虚，刘备的一支尚在蓝图之中。

更重要的是，鲁肃在诸葛亮之前，就看到了“汉室不可复兴，曹操不可卒除”，要比诸葛亮现实得多。正因为鲁肃和周瑜在东汉帝室尚存的情况下清醒地认识到汉室衰亡不可挽回，所以晋人习凿齿痛骂二人为小人。然而，这一认识把《江东对》的使命定位在建立孙权自己的帝业上面，与《隆中对》的兴复汉室使命完全不同。有人以为，刘备和诸葛亮打着兴复汉室的旗号，可以更具有道义上的号召力。但从战略分析和战略设计的角度看，缺乏现实条件的道义口号，往往是战略实施的陷阱。也许，正是由于刘备缺乏实力，蜀汉君臣才会坚持“兴复汉室”不松口。

如果再进一步比较《江东对》和《隆中对》，就可发现，鲁肃之对策，是借北方混战之际，东吴进伐黄祖，取得西进据点，进逼荆州刘表，占据长江中游，再图向益州扩展。一旦“竟长江所极”，就可变鼎足之势为南北对峙，此时，按照鲁肃的设想，既然汉室不可复兴，就应该堂堂正正与曹操争夺，“建帝号以图天下，此高帝之业也”。尽管孙权表面上不敢如此“大逆不道”，假惺惺称：“今尽力一方，冀以辅汉耳，此言非所及也。”但此后的行动和表现证明，他是全盘接受鲁肃建议的。而诸葛亮之对策，要比鲁肃晚出，荆州已经由于刘表的两个儿子之争给刘备造成了可乘之机，但这个机遇能否成为现实尚有太多变数，至于益州，距离现实更远。所以，《隆中对》的核心是要创造出“鼎足”中刘备之一足。可以说，《江东对》是立足东吴自身的战略分析，而《隆中对》是围绕汉室兴复的战略创意。假如后来不是由于偶然因素促成了张松与法正向刘备献蜀，《隆中对》的实现难度极大。如果撇开其他因素仅仅从战略设计角度而言，鲁肃的《江东对》，要比诸葛亮的《隆中对》更具有可行性。

那么，为什么《隆中对》在历史上更为出名，而《江东对》除了专业历史工作者很少有人知晓，显然不是由于《隆中对》战略上更为成功，而是其他原因造成的。最重要的是《隆中对》兴复汉室的理想带来的正当性，而《江东对》的务实给了别人“叛汉”的口实。

汉末各方的战略构思上，还有另一个值得研究的参照，这就是曹操的战略。曹操作为“清平之奸贼，乱世之英雄”（《后汉书·许劭传》之评语），实际上在起事之初并无明确的战略。他的谋士荀彧，对曹操战略的形成起了重要作用。

荀彧建议曹操以兖州为根据地，就像刘邦保关中、刘秀据河内一样看待兖州。“将军本以兖州首事，平山东之难，百姓无不归心悦服。且河、济天下之要地也，今虽残坏，犹易以自保，是亦将军之关中、河内也，不可以不先定。”“深固根本，以制天下，进足以胜敌，退足以坚守，固虽有困败而终济大业。”（《三国志·荀彧传》）更重要的是，荀彧还建议曹操迎接汉献帝到许，“挟天子以令诸侯”。此后，曹操有了稳定的立足地盘，有了皇帝为自己背书的合法性权力来源，迅速成了气候。

相比之下，袁绍比不上曹操的短处在战略上暴露无遗。沮授曾建议袁绍“宜迎大驾，安宫邺都，挟天子而令诸侯，畜士马以讨不庭，谁能御之”（《三国志·袁绍传》注引《献帝传》），但袁绍心怀疑虑而不听。后来田丰又建议袁绍袭击许都以迎天子而定天下，袁绍照样不听。纵观曹操，始终坚持“挟天子”的政治优势，却再无其他相对固定的战略。所以，曹操的战略，是没有固定方向的柔性战略。他不过是一直在打类似于“尊王攘夷”的正统牌，王牌不变，使用王牌的手法上却随机应变。

曹操这种战略似乎很老套，而且平淡无奇，但曹操边走边看，智谋迭出，把自己的牌打得有声有色，且由曹丕继承打到了三国的最后。以战略思想的眼光看，曹操的战略是另一种路数，它不进行要素分析，而是确定一个战略抓手，然后灵活展开，最接近于明茨伯格所说的“手艺型战略”。相比较之下，诸葛亮的战略最为理想化，鲁肃的战略最为务实，曹操的战略最为成功。尽管三国的战略在本质上都是先成就霸业后统一天下，但在战略使命上有明显差别。曹操的使命是在平乱中扩展，东吴的使命是在扩展中称帝，而蜀汉的使命是在动荡中复汉。如果不考虑实施策略，那么诸葛亮的《隆中对》最能激动人心；如果使命和策略兼顾，那么鲁肃的《江东对》最能统合二者；如果策略优先，那么曹操的“挟天子”最利于操作。上述三个战略，在实施中都有相应的调整和变化，而诸葛亮的战略实施起来最为艰难。清代赵藩为武侯祠撰写的楹联：“能攻心则反侧自消，自古知兵非好战；不审势即宽严皆误，后来治蜀要深思。”从管理角度咀嚼，可能别有风味。

9. 战略调整的权衡：从“利不百，不变法”说起

战略设计必须考虑隐性成本和隐性收益。如果只看显性成本和显性收益，无异于决策机制的傻瓜化。

战国时期的商鞅变法之前，有一场著名的争论。主张变法的商鞅和反对变法的甘龙、杜挚吵得不亦乐乎。商鞅当然要大讲特讲变法的好处，反对变法的甘杜二人自然要陈述变法的危害。商鞅的理由，紧扣“富国利民”的主旋律，得到秦孝公的高度支持，甘杜二人的反对意见，则主要陈诉变法的弊端。甘龙的理由是消极性的，强调不变法可以“不劳而成功”“吏习而民安”。杜挚的理由是算计性的，强调“利不百，不变

法，功不十，不易器。法古无过，循礼无邪”（《史记·商君列传》）。多少年来，教科书都是把甘杜二人作为“反动派”来批判的，说好听一点也是“保守派”。但如果从管理学角度看，难道反对、保守就没有一点道理？

实际上，甘杜二人有点冤枉，因为他们并没有从价值观上敌对变法，而是出于利害权衡的角度不赞同变法。“敌对”和“不赞同”在含义上是有区别的。但在中国古代，不赞同就等于敌对，所以，甘杜二人就万劫不复了。如果以现代眼光看，甘杜二人充其量只是提出质疑，并不公然抗拒。由此，我们不妨得出一个推论，能否区分敌对与质疑，是现代社会同古代社会的重大区别之一。哪怕把这种不赞同叫作反对，也没有到公然颠覆秦国政权的地步，所以，在可以妥协的政治体系中，这是能够容忍的争论。

从管理学角度看，这一争论还可以继续剖析。变法当然要进行利害算计。古人没有那么精确的计算水准，但商鞅能够说动秦孝公的地方，就是展现出变法有可能带来的丰厚收益。而作为变法的倡导者，商鞅没有列举变法需要支付的成本。但毫无疑问，收益是大于成本的，否则，秦孝公岂不是成了傻瓜？问题在于：即便变法的收益大于成本，它是否划算还需要再斟酌。

甘龙的算账法同商鞅不同，他没有说收益，而是仅仅看支出。假如收益不变，那么，一动不如一静，须知要改变习惯，也是需要巨大成本的。变法肯定要增加成本，包括有形的、物质的成本，也包括无形的、精神的成本。甘龙对这种成本增加的强调，看似同商鞅相反，实际上思维逻辑是一致的，不过是一个消极一个积极而已。商鞅只看收益，甘龙只看成本，正好是同一思维的两极。

杜挚同甘龙、商鞅都不一样，他所进行的，是收益和成本的比较。这种算账逻辑，同现代的边际收益思路吻合。不过，杜挚要求的边际收益显得过高。收益不超过百倍就不能变法，收益不超过十倍就不能易器。需要我们思考的是，能不能这样考量?

当然，古人说的数字和比例，往往是虚指，只是一个相对数量的比较，当不得真。如果变法精确到真有百倍的收益，那么恐怕不止商鞅，杜挚自己也有可能站到支持变法的行列。他之所以这样说，一方面是夸大其词以强调其衡量准则，另一方面是通过比例变化突出隐性成本问题。在杜挚看来，变法比易器的隐性成本要大得多，百倍和十倍的差别概因于此。而如此强调变法的隐性成本，正是值得今日的管理活动关注的。

在企业管理中，我们往往会在制度变化、管理措施变化，乃至生产流程变化、设备技术变化等问题上，在变与不变之间彷徨踌躇，其中也少不了算账比较。然而，比较常见的通病是，主张变化时往往看重变化带来的收益，主张不变时往往看重不变省下的成本，多数情况下对于隐性收益和隐性成本估计不足，所以难免产生判断偏差。而这种判断偏差又会导致连锁效应和放大效应，把预期的划算变成现实的不划算，一旦不划算出现，就会想着如何解决这种不划算，其后续反应不是硬着头皮向前变，就是心生畏惧向后变。管理实践中的变革过于频繁，就像烙饼，火力过猛，翻动过快，外表烤焦，里面夹生，正是这种变革不当造成的。反过来讲，如果一个变革没有在抵消成本后带来明显的收益，没有形成变革后较为长期的稳定局面，那么，这种变革从成本考量上就值得质疑。

以此观之，商鞅变法的争论，很值得当代人们思考。这不是做翻案文章，而是寻求经验积累的智慧。

第三章　决策的复杂性

10. 决策成本与价值目标偏移：从李斯的算计说起

现实中的决策，经常会出现价值目标的偏移并受到沉没成本的支配，李斯就是极好的反面镜子。

秦始皇的丞相李斯，是一个聪明透顶的人物，能写一手极漂亮的篆字，文章流传千古，尤其是《谏逐客书》脍炙人口，政治见解也出类拔萃，高出常人许多。对秦始皇的统一事业，他是立有大功的人物。然而，这样一位集书法家、文学家、政治家于一身的人才，下场却不怎么好，被秦二世腰斩灭族。李斯的劫难，在一定程度上与他的善于算计密不可分。这么精明的人物在算计上是如何失误的，或许可以为现今的管理者决策提供一些参照。

李斯的发迹，据司马迁说是从观察到官仓的老鼠与厕所的老鼠境遇不同而开始的。从这个故事开始，李斯一辈子都在算计。官仓之鼠衣食无忧，厕中之鼠担惊受怕，于是，李斯发誓要做官鼠。皇天不负有心人，凭借自己的才干和能力，他终于到了“一人之下万人之上”的位置。秦始皇暴卒，赵高密谋除扶苏而立胡亥。如果李斯反对，这一阴谋就很难得逞。然而，李斯的善于算计，一步步把他推上了不归之路。

这一算计的特点，在于排除其他制约因素，单纯就扶苏与胡亥谁当皇帝对自己更有利进行权衡。李斯权衡的结果，是扶苏当皇帝肯定会重用蒙恬排斥自己，而胡亥当皇帝则自己有拥立之功，于是，他与赵高同流合污。当然，这要付出道义上的代价。既然扶立了胡亥，就要帮助胡亥巩固统治。而严刑酷法激起民变，自己的责任又首当其冲，特别是自己儿子李由镇守的三川，叛乱不断，李斯父子难辞其咎，于是，他又揣摩胡亥的心意，建议推行“督责之术”。“税民深者为明吏，杀人众者为忠臣。”最后，正是李斯自己的策略，一步步把自己逼到了绝境，不得不与赵高摊牌，结果被以谋反罪处死。临死前，他对与自己一块赴死的儿子发出了内心的感叹：“吾欲与若复牵黄犬俱出上蔡东门逐狡兔，岂可得乎！”（《史记·李斯列传》）

李斯决策的失误有二：一是其选择中的价值易位，二是其决策的沉没成本牵制。

当今的决策理论，特别重视“有限理性”问题。我们不可能全知全能，在做出选择的时候总要受到信息的限制、时间的限制和预测的限制。这就好像下棋，一般棋手只能看一两步顶多三四步，高明的棋手可以看到七八步。然而，谁也不可能在开始时就看到终局。所以，我们都只能在有限的范围内进行选择。但是，有一点不可忽视，就是决策的价值指向。下棋看得再短浅，也不会为了吃子而放弃赢局。李斯的选择，就是只吃眼前的棋子，赢棋的道路被自己的吃子堵死了。吃子越多，堵得越严实，导致自己再也回不到悠闲的打猎生活中去了。

决策还没达到目标时，前面已经付出的成本被称为沉没成本。这种沉没成本会强烈影响决策者的后续行为。一个赌徒，当他已经输了一大笔钱的时候，他下注的心情和没输钱时大不一样。因为他会把前面输的账都记到眼下这一把上，所以他的下注是按照能“扳回”多少来考虑的。但是，决策研究中的数理逻辑告诉我们，前面已经输出去的钱，同眼前这一把的输赢没有任何关系。立足于沉没成本的选择，从有利的角度讲，可以保持决策的连续性和稳定性；从不利的角度讲，如果沉没成本打了水漂，则会在错误道路上越滑越远。李斯从上了赵高的贼船开始，就已经有了巨大的沉没成本，导致他在走上拥立胡亥的道路后就很难回头。

现实中的决策，经常会出现价值目标的偏移以及沉没成本支配的问题，有许多看起来很精明的人，在决策中往往会不知不觉地扭转预期的价值指向。比如，扩大销售是为了增添利润，但有时只顾了销售而忘记了利润。已经错了的花销明明追不回来，但出于心痛还想再扳一把。精致的理性计算却导致作茧自缚，对于这种偏失，管理者不可不察，李斯就是一面极好的反面镜子。

11. 如何对待决策的异见：谈商鞅变法中的封口

决策中的不同意见哪怕是反对意见，是对决策的帮助还是对决策的阻挠？这一判断，是实现决策科学化的前提。

商鞅变法的故事众人皆知，然而，变法前的那段争论，更值得引起管理者在决策时的注意。

为了保证变法的进行，坚定变法的信念，商鞅向秦孝公反复强调，不能疑惑，不能讨论，即所谓“疑行无名，疑事无功”。在商鞅看来，尤其不能让下层老百姓参与关于变法的决策。因为智者和愚民不在一个档次上。“愚者暗于成事，知者见于未萌。民不可与虑始而可与乐成。”所以，“论至德者不和于俗，成大功者不谋于众”（《史记·商君列传》）。尽管朝廷大臣中有甘龙、杜挚同商鞅争论，但是，这种争论对是否变法的决策并不具有讨论方案的意义，而是非此即彼的对抗。最后，由孝公一锤定音，封死了反对者的口，变法开始推行。

人们大多赞扬商鞅变法的强国效应，秦国也正是在商鞅变法之后崛起的。然而，从逻辑上看，良好的效果不能推论出决策方法的科学性。商鞅变法的成功，不能推论出此前的“封口”和压制不同意见就是正确的。能逮住老鼠的猫固然是好猫，然而瞎猫有时也能碰上个耗子。假设我用求神问卦的方式决定了一笔生意，而且这笔生意还赚了大钱，我不会得出结论说求神问卦的方法就是正确的，更不会把求神问卦的方式无限制地推广到所有决策中。后来的人们，往往因为商鞅变法的成功而忽视了此前争论中存在的决策弊端，对这种变法陷入盲目赞扬，这是在当今的决策中值得警惕的。

按照现代决策的要求，人们一般认为，决策在提出问题确定目标的阶段，尤其是在方案论证的阶段，直到拍板定案之前，需要倾听不同声音，广泛征求意见，特别要重视反对性的意见。而商鞅变法的决策，可以说基本出自孝公和商鞅两人的“密谋”，一开始就从根本上否定不同声音，就使决策问题的界定、目标合理性的论证以及备选方案的完善等事项，成为不容怀疑的定论，决策的优化也就无法实现。造成这种偏失的根源，是古代的专制体制和对抗性思维。所以，不仅商鞅，后来的历次变法无不发生这种问题。比如宋代的王安石变法，支持者和反对者几乎水火不容，执政者一换人，政策就会来个180°

大翻转。这样的决策，偶尔有成功者，如商鞅，但多数会失败。从决策方法的角度看，商鞅变法的成功具有偶然性，不值得从方法角度效仿。即使商鞅，虽然变法成功了，但他被五马分尸的自身遭遇不能不说同这种变法方法有关。

从思维角度看，产生这种失误的原因是追求"同"而不是追求"和"。西周末年，史伯就指出："和实生物，同则不继。以他平他谓之和，故能丰长而物归之；若以同裨同，尽乃弃矣。"（《国语·郑语》）春秋时齐国的名相晏婴，曾进一步发挥了这种求"和"不求"同"的思想，强调只有不同的调料五味杂陈，才能做出美味佳肴；只有不同的乐器短长疾徐配合，才能演奏动听的音乐。"若以水济水，谁能食之？若琴瑟之专一，谁能听之？同之不可也如是。"晏婴进而提出治国理政的方向是："君所谓可而有否焉，臣献其否以成其可；君所谓否而有可焉，臣献其可以去其否。是以政平而不干，民无争心。"（《左传》昭公二十年）孔子甚至把求"同"还是求"和"上升到做人准则，以此界定君子小人。"君子和而不同，小人同而不和。"（《论语·子路》）在决策时，能不能放弃对立思维，而是从"和"的角度看待不同意见，是我们今天应该格外注意的。

当然，统一思想统一认识也是必要的，但有相应的领域。对于决策来说，以拍板为分界线，拍板前必须重视分歧差异，应该把反对看作是另一种提醒和校正。拍板后则要追求行动上的一致，不允许在实施中采取对抗手段。进一步说，在决策中，人们只能追求行为上的一致，而不能追求思想上的一致。在表达思想上，大狗叫小狗也叫，而且叫声各异；但在围猎中，大狗小狗需要全力合作。在一定意义上，正是事先的叫声不同，才能引发出后来的通力配合。商鞅的失误，是混淆了拍板前后的区别。当今我们有些管理者，也知道决策中“和而不同”的道理，但是在拍板以前的论证阶段，听到不同意见，往往会下意识地认为这是反对、阻碍自己，从而影响了决策的科学性。

12. 无奈的两难选择：周亚夫不救梁的教训

任何决策，总会面临长远与当前、整体与局部、组织与个人之间的两难选择。这种两难，简单地指出什么是正确的没有任何意义，需要的是尽可能取得两难的平衡。

西汉有个周亚夫，治军作战是个高手，汉文帝视察细柳营时看到了这一点，称其为“真将军”，而且在临终前给他的儿子景帝交代，将来万一打仗，这是用得上的人物。“即有缓急，周亚夫真可任将兵。”（《史记·绛侯世家》）很快，吴楚七国之乱爆发，周亚夫统兵上阵，与吴楚乱军对峙，充分发挥了他的军事才能。

这时，周亚夫面临着一个决策的两难选择。吴楚乱军剽悍凶猛，利在速决。周亚夫屯兵中原，以逸待劳。但是，乱军打不过周亚夫，就去猛攻“居膏腴之地”的梁孝王。梁孝王吃紧，十万火急向周亚夫求救。景帝也下达诏令让周亚夫救梁。周亚夫的日子就不好过了。如果救梁，等于放弃了起初制定的基本战略，这正是吴楚乱军所希望的。而如果不救梁，梁孝王是汉景帝的亲兄弟，万一有个闪失就得吃不了兜着走。对此，周亚夫的选择是抗诏不救梁，坚持原来的坚壁清野、固守不出战略。最后，这一战略果然取得了成功。吴楚乱军的粮道一断，军需匮乏，兵败如山倒。梁孝王死守睢阳，虽然万分危急，但总算挺了三个月，迎来了胜利。

由此看来，周亚夫的选择是没有问题的，但是且慢，他的这一选择保住了汉室江山，却得罪了梁孝王。生死关头，见死不救，不惜以牺牲梁孝王为代价，而梁孝王在当时是红得发紫的主儿，凭借他与皇帝的同胞关系，深得皇帝和太后的信任，甚至在太后的撺掇下，还有过让景帝“传位于梁孝王”的说法，这岂是周亚夫能得罪起的！果然，为汉朝立了大功的将军，虽然胜利后当上了丞相，但这丞相当得实在不太顺当。就连本来信任他的汉景帝，也讨厌他的桀骜不驯，发出“非少主臣也”的感叹。所以，悲剧就难免了。最后，周亚夫父子因为买了陪葬用的兵甲，被以谋反罪逮捕。他辩解说这是葬器，又不是真正的兵甲。审他的官吏一句话就把他噎了回去：“纵不反地上，即欲反地下耳。”一代名将，就这样死于狱卒之手。

周亚夫致死之由不止一条，但与梁孝王的交恶无疑是其中重要一环，甚至可以说是导火线。正是由于当初不去救梁，梁孝王不断在汉景帝那里说他的坏话，太后推波助澜。同周亚夫相比，景帝同梁王、太后的关系要亲近得多。这一层，当初周亚夫下决心不救梁的时候，何尝不清楚？决策选择的难处正在这里。用当今语言来说，这就是长远利益和眼前利益、国家利益和个人利益的冲突。如果没有这种冲突，决策是傻瓜也能做好的事。而按照我们的教科书，一旦发生了决策选择的冲突，就应当牺牲眼前利益来保证长远利益，牺牲个人利益来保证国家利益。周亚夫正是这样做的，恰恰是这种无比“正确”的选择，把他自己逼上了绝路。

凡是要在这种两难处境中进行选择的决策者，多数是没有断然牺牲自己利益的勇气的，尤其是牺牲自己的生命就更难。不管我们那些大道理说得多么冠冕堂皇、无懈可击，现实中的决策者，遇到这种情况，往往会倾向于尽量不损害自身利益的选择。这就给我们的决策设计提出了一个值得思考的问题：如何在这种两难决策中，设计出不损害决策当事人利益（最起码不要损害到不可承受的地步）的方案？如果实在找不出这种方案，那么，在保证长远利益的同时对受损的眼前利益能否做出适当补偿，在保证国家利益的同时可否把受损的个人利益控制在低限，就是决策是否具有可行性的一个重要方面。如果不考虑这种影响当事人选择心理的因素，仅仅从客观条件角度来论证决策可行性，哪怕这种论证挑不出一点毛病，都只不过是纸上谈兵，即使拍板也往往会出现执行偏差。如果稍微仔细考察一下，就不难发现，那些执行走样甚至变味的决策，问题多数出在这里。

商鞅变法，周亚夫抗旨，下场都不好。这还是“同一阵营”的事例。如果是“敌对阵营”，更是“你死我活”的斗争。类似这种悲剧，在中国历史上有过无数例子。这里面的制度约束与作用机制问题，十分值得思考。从历史的角度看，政治进步和社会文明，有一个很重要的内涵，就是“妥协”乃至“合作”。在周亚夫的例子中，实现“妥协”的根本，在于汉景帝和梁孝王的权力可以受到一定程度的制约。而这正是古代中国难以做到的。

13. 决策要去伪道德化与伪政治化：陈宝箴批评李鸿章的见识

决策中的不同意见，必须立足于建设性。摘除强加给决策者的道德高帽，脱去不合身的政治外衣，这样才不至于把不同意见变成打人的棍子。

1894年的甲午战争，是中国人的奇耻大辱。堂堂天朝，号称“世界第三亚洲第一”的北洋水师，却被“蕞尔小国”日本打败。一时间，战局的主持人李鸿章成为众矢之的，国人皆曰可杀。异口同声，都认为李鸿章主战不力。

然而，在众多责骂李鸿章的声音中，湖南巡抚陈宝箴的批评却与众不同，据陈三立的《湖南巡抚先府君行状》载，陈宝箴抨击李鸿章的，不是主战不力，而是不能死谏求不战。“勋旧大臣如李公，首当其难，极知不堪战，当投阙沥血自陈，争以死生去就，如是十可七八回圣听。今猥塞责望谤议，举中国之大，宗社之重，悬孤注，戏付一掷，大臣均休戚，所自处宁有是邪?”（《散原精舍诗文集》，上海古籍出版社2003年版，第852页）就是说，身为朝廷重臣，明知实力和局势都不能打，然而，李鸿章却迫于舆论压力，不是以死相谏，而是瞻前顾后，患得患失，倚违两可，观望揣摩，屈从于主战派，把国家大事当儿戏，这才是李鸿章真正该杀的地方。应该说，在潮水般的“李二先生是汉奸”舆论中，陈宝箴一针见血，指出李鸿章犯的不是“汉奸罪”，而是“误国罪”，意义深远，足以引起决策者的借鉴。

甲午前夕，由于信息的不透明，国人了解到的局势，与当局者掌握的情况，相差不啻千里。在民众眼里，“中兴”多年，洋务有成，北洋水师声威在外，纵然打西洋没有把握，对付东洋日本还不是小菜一碟?而李鸿章心里清楚，北洋水师的这种声威，装门面可以，真正要打并无胜算。朝中主战的清流，以翁同龢为代表，心里何尝没有自己的小九九，表面慷慨激昂，真实用意是挟舆论之力从慈禧手里为光绪争权。尽管“内外言战者众”，但高涨的情绪代替不了武器的犀利，况且在冠冕堂皇的理由下还掩盖着派系的争斗和权力的角逐。李鸿章十分清楚，“海上交锋，恐非胜算”。但是，他又受不了那种站在道义高度上的求战压力，所以选择了做样子的战争姿态。而在给光绪皇帝的奏折中，李鸿章明言：“今日海军力量，以攻人则不足，以之自守尚有余。用兵之道，贵于知己知彼，舍短取长，此臣所为兢兢焉，以保船制敌为要，不敢轻于一掷，以求谅于局外者也。”（池仲祐：《甲午战事记》）给丁汝昌的指令中，李鸿章则强调“相机进退，能保全坚船为妥”。这种既要保全自己又不敢得罪舆论的心态，最终把北洋水师引上了绝路，也葬送了李鸿章的名声。

对于李鸿章的失误，后来黄秋岳的评价最为中肯：“盖义宁父子（陈宝箴父子），对合肥（李鸿章）之责难，不在于不当和而和，而在于不当战而战。以合肥之地位，于国力军力知之綦审，明烛其不堪一战，而上迫于毒后仇外之淫威，下劫于书生贪功之高调，忍以国家为孤注，用塞群昏之口，不能以死生争。义宁之责，虽今起合肥于九泉，亦无以自解也。”（《花随人圣盦摭忆·义宁父子责难李合肥》）

商鞅变法时，采取的办法是把不同意见扼杀在摇篮中。而甲午海战时，采取的办法是屈从于脱离实际的主战呼声。二者看似相反，实出一辙。对于决策而言，能否形成不同意见的表达和评价机制，是解决问题的关键。

科学决策确实要重视不同意见，但有一点必须注意，就是要区分这种不同意见是建设性的还是对抗性的。反对意见不等于对抗，赞同意见也不见得就是支持。这里面的奥妙，恐怕只有熟悉中国国情的人才能洞察。前秦苻坚出兵征伐东晋时，忠心耿耿的苻融等人死死劝谏，而心怀鬼胎的姚苌和慕容垂大力支持，就是一例。甲午时的战和之争，高唱主战高调的，有的出于忧国忧民的真情，有的则出于权力斗争的谋略，单纯的爱国热情与老辣的钩心斗角纠缠到一起，不是对决策的主角李鸿章形成意见上的辅助，而是要借助光绪皇帝的权威地位把李鸿章逼到死角。这样，对李鸿章主和的反对意见就不具有决策的参考价值，而是用来打他的棍子。这种企图置对方于死地的高调，堵死了用反对意见来改进决策并优化方案的通道。所以，现代的科学决策，首先要从不同意见如何表达做起。管理决策中，不同意见哪怕是反对意见的争鸣，必须是讲道理而不是对骂，是要指出对方的错误或偏差而不是要置对方于死地。一旦进入了你死我活的对抗状态，不同意见的积极意义也就消失殆尽。

更重要的是，主战派占据了道义高地，这是决策中消灭不同意见的撒手锏。任何决策中，一种意见如果带上了“政治正确”的高帽子，就会改变决策的性质，“管理”就会被“政治”所替代。假如你辛辛苦苦算出来种苗比种草更划算，但对方如果用“宁要社会主义的草，不要资本主义的苗”压过来，你就非输不可。假如你提出一个确实能够提高效益的新方案，但批评者是用“损害了广大人民群众的利益”来指责，那么你也会失去辩解说明的余地。所以，真正重视管理决策中的不同意见，要从“去政治化”和“去道德化”入手。当然，如果决策内涵中本身就包含政治或者道德内容，则另当别论。不过，即便是政治性或道德性的决策，在不同意见的表达上，依然可以做到“去政治化”和“去道德化”。也就是说，内容是政治的或者道德的，但不同意见的表达却是说理的而不是用帽子压人的。对这一点，更需要细细品味。

李鸿章确实有他的历史失误，但是，如果不改变决策环境，不调整决策机制，那么，“李鸿章现象”就不会绝迹。看看下面李鸿章与德国首相俾斯麦的这段对话，就更能了解当时的态势。“李之历聘欧洲也，至德见前宰相俾斯麦，叩之曰：

‘为大臣者，欲为国家有所尽力。而满廷意见，与己不合，群掣其肘，于此而欲行厥志，其道何由?’俾斯麦应之曰：‘首在得君。得君既专，何事不可为?’李鸿章曰：‘譬有人于此，其君无论何人之言皆听之，居枢要侍近习者，常假威福，挟持大局。若处此者当如之何?’俾斯麦良久曰：‘苟为大臣，以至诚忧国，度未有不能格君心者，惟与妇人孺子共事，则无如何矣。’”（梁启超：《李鸿章传》）

对于甲午战争中的不同见解，有许多人总觉得主战的翁同龢大义凛然，比屈辱求和的李鸿章道德上更高尚，实际并不是这样。有一个很有意思的史料，可以看出翁李二人的差距。戊戌变法失败后，翁同龢因推荐康有为而获咎，被革职“永不叙用”。翁同龢在自己的日记中百般委屈，声称他早就发现康有为心怀叵测，不敢往来，在日记中还要曲迎慈禧，以图再起。而同样赋闲的李鸿章，在康梁出事后也被人揭发曾资助康梁举办的强学会，遭到慈禧“有人参尔为康党”的责问。李鸿章正言回答说：“臣实是康党。废立之事，臣不与闻，六部诚可废，若旧法能富强，中国之强久矣，何待今日！主张变法者即指为康党，臣无可逃，实是康党。”（孙宝瑄：《日益斋日记》）在慈禧刚刚镇压变法之后，当着慈禧之面坚持中国必须变法，坦然表白自己“实是康党”，这是要有点见识和勇气的。由此来看，翁同龢与李鸿章的人品差别，实不可以道里计（也有学者认为，李鸿章坦承“思想错误”而否认“组织错误”，恰恰反映出他的老奸巨猾和为官之术。见仁见智，聊备一说）。不管对李鸿章如何评价，仅仅因为翁同龢主战的“政治正确”就把他捧上道德高峰，说明“政治化”和“道德化”不仅影响决策，而且更有可能导致对历史的误读和歪曲。

再进一步，李鸿章在甲午战争前夕患得患失，比起曾国藩来又差了一大截子。曾纪泽曾经在慈禧召见时对答说，原来他以为大臣献出生命，就是忠臣的极限，但曾国藩处理天津教案的事例，说明忍辱负重委曲求全竟比生命名声更重要。“近观近来时势，见得中外交涉事件，有时须看得性命尚在第二层，竟须拼得将声名看得不要紧，方能替国家保全大局。即如前天津一案，臣的父亲先臣曾国藩，在保定动身，正是卧病之时，即写了遗嘱，吩咐家里人，安排将性命不要了。及至到了天津，又见事务重大，非一死所能了事，于是委曲求全，以保和局。其时京城士大夫骂者颇多，臣父亲引咎自责，寄朋友的信常写‘外惭清议，内疚神明’八字，正是拚却声名以顾大局。”（《出使英法俄国日记》，岳麓书社 1985 年版，第 114－115 页）而这正是李鸿章没有做到的地方。

在现实中，具有李鸿章能耐的人尚不多见，而具有曾国藩的胸怀者则更为罕有。即便有这样的人物，也会被高帽子逼上绝路。曾国藩“外惭清议，内疚神明”这八个自责大字，现今还不正在被我们某些学者用来作为诋毁他的“自供状”吗？七七事变后，曾在喜峰口抗击日寇的张自忠以天津市长身份，不得不同日本人周旋善后，被舆论骂为汉奸，化装逃回南京时，差点被义愤填膺的学生揪出来杀了。为了洗清汉奸的恶名，张自忠以求死之心最后战死在枣宜战场。在某种意义上，正是汉奸的恶名，把张自忠逼上了绝路。从这些教训中不难看出，去除压在决策者头上的伪政治高帽和伪道德高帽，才是制度建设的正途。

14. 辨别管理中的大事与小事：丙吉问牛的故事

“大事清楚，小事糊涂”是高管应该坚持的原则。然而，真正的问题是如何区分大事和小事。

西汉宣帝时有个十分有名的丞相，名叫丙吉。他有一句名言：“宰相不亲小事。”这句话对后代影响极大。

丙吉起家于鲁国的治狱小吏，但绝没有西汉酷吏那种特有的“刻削少恩”习气。实际上他也是个来自下层的读书人，“学《诗》《礼》，皆通大义”，所以，丙吉当官一直以宽厚而闻名。在汉武帝时，他被征到长安参与巫蛊之祸的案件处理，保全了身陷囹圄的皇孙（就是后来的汉宣帝），为自己积累了政治资本。后来身居高位，宽厚如故。史称“吉为人深厚，不伐善”，也就是太过厚道，从不炫耀自己的善行，导致人们不大了解他的功劳。直到他当了丞相，依然体恤下情，与人为善。“上（尚）宽大，好礼让”；“于官属掾史，务掩恶扬善”（《汉书·丙吉传》），对于部下小吏十分包容。汉代宰相不查办小吏，就是丙吉时期形成的惯例。

最有名的，是有一次丙吉外出，碰上清理道路引起群殴，“死伤横道，吉过之不问”。但是，又走了不远，碰上有人赶牛，牛吐着舌头喘气不已，丙吉却停下车马，让手下去问赶牛的人，看看牛走了多少里路了。手下的办事人员感到十分奇怪，责怪他大小事务颠倒，死了人都不管，牛喘气却体贴入微。丙吉回答说：“民斗相杀伤，长安令、京兆尹职所当禁备逐捕，岁竟丞相课其殿最，奏行赏罚而已。宰相不亲小事，非所当于道路问也。方春少阳用事，未可大热，恐牛近行，用暑故喘，此时气失节，恐有所伤害也。三公典调和阴阳，职当忧，是以问之。”（《汉书·丙吉传》）就是说，民众打架斗殴，这是长安县令和京兆地方官员管的事，该禁该抓由他们去办，年终丞相考核优劣奏请赏罚就足够了。宰相不能亲自处理小事，所以打架斗殴不是该当宰相的在道路上过问的。而现在的时令是初春，未到天热的时候，牛如果没走多远就喘气，说明时令失常，这就是关系国家生存的大事。丞相位居三公，主管调和阴阳，职责所在，因而才发问。此话一出，部下才服气了。

当然，对丙吉的这段话，现代人见仁见智。有人赞扬丙吉的做法体现了高管的本质，也有人认为丙吉的解释是强词夺理

（有一种说法认为，气候失常，人不知道而要靠牛来察觉，不足信）。但人们都承认，高管应当抓大事，这是毫无疑问的。后代的大臣，也都能基本上遵循这一规矩。例如，史书号称“吕端大事不糊涂”，就是丙吉的宋代版本。所谓“鞠躬尽瘁”，是强调尽职守责的精神，而不是强调高级官员应当事无巨细一把抓。到了当代，人们甚至把“大事清楚，小事糊涂”写进管理教科书。

“抓大放小”的道理并不复杂，但实际操作却有难度。几乎没有人反对高层经理应该抓大事，但却在何为大事何为小事上难以达成共识。比如，在上面的例子中，丙吉的下属认为死伤人命是大事，而牛喘是小事。这种对大事和小事的不同判断，才是引发争议的焦点。现代有不少管理者，也强调要抓大事，问题是不同的人在事情大小的判断上往往不一致。比如，“一个钉子断送了一个国家”式的寓言故事，在管理读物中比比皆是。显然，按照因果链展开，几乎所有的小事，最终都可以引发大事；而一旦把因果链截断，那些看起来了不得的大事，长远来看也不过是小事一桩。而且，随着时代的变化，价值观念的转移，曾经的大事，过了一定的时间也会变成小事。80 年代初期，在“清除精神污染”的浪潮中，某学校的基层书记和辅导员，召集学生语重心长地谆谆教导说，留长头发穿喇叭裤，不是生活小节，而是关系到能不能继承革命传统、能不能保证党和国家不变颜色的大事，尤其是邓丽君的靡靡之音，听了会亡党亡国的。在学生看来，这未免是小题大做，过于大惊小怪。但在辅导员眼里，这当然是大事。世界上的许多矛盾，就产生在这种对大事和小事的区分方面。

还有，不同的管理层次，不同的专业领域，对大事和小事的判断也有选择性差别。管理学中著名的霍桑实验就曾经发现，员工的逻辑和经理的逻辑是不一样的，在经理看来很重要的事，员工可能把它当作鸡毛蒜皮；而在员工看来很重要的事，经理可能就根本搁不到心上。所以，怎样判别大事与小事，这才是管理者的真实功夫。

就拿汉代的丙吉来说，不仅同自己的部下在事务大小上有判断分歧，而且同自己的儿子在事务大小判断上也说不到一块。曾经有一次，他的儿子丙显参与汉高祖庙的祭祀，事到临头才急急忙忙准备祭祀穿的衣服，把这种礼仪没当回事。丙吉大怒，对夫人说："宗庙至重，而显不敬慎，亡吾爵者必显也。"很明显，丙显是把祭祀看作无关紧要的形式，而丙吉则把祭祀看作重要无比的大典。凑巧的是，后来的事态还恰恰被丙吉说准了。从这一点看，准确判断大事与小事，没有固定的公式，需要经验和智慧的积累。那种试图用量化方式把大事和小事简单化处理的想法，很有可能走入误区。现实中的教训，往往是算计得太精明，结果把大事和小事颠倒了。

15. 尽人事而知天命：掣签法在管理中的作用

人做不到的事情硬要去做，是欺天；人力可为的事情交给天意，是骗己。好的管理，需要把敬畏天意和最大努力融为一体。

明朝万历年间的吏部尚书孙丕扬，发明了一种任用官吏的方法——掣签法。此后，这种方法一直被沿用下来。

所谓掣签法，就是在具备了任职资格的候补官员中，如何决定其具体职务的一种方法。按照当时的制度，同样是出任知县，县份的差别是明显的。因此，把谁放在哪里，就成为任职的焦点。同样是知县，到云贵当知县和到江浙当知县，差别太大。这就难免给后门关系留下施展能量的空间。为了杜绝其中的弊端，孙丕扬干脆来了个“听天由命”，由掣签来决定州县正佐的任职缺分和任职地点，让具备任职资格的候补官员自己抽签。这样，岗位好坏来自运气，谁也没话可说。史称：“丕扬挺劲不挠，百僚无敢以私干者，独患中贵请谒，乃创为掣签法。大选急选，悉听其人自掣，请寄无所容。一时选人盛称无私，然铨政自是一大变矣。”（《明史·孙丕扬传》）

按理说，管理拒绝听天由命，掣签同管理的要求是背道而驰的。但为何还要用这种方法？

作为领导人必须清楚，人力不可能解决一切问题，总有些事项，是人无能为力的。当人力无法解决的问题出现时，如何管理，就成为考验领导人的一个难题。比如，任用人员，当然要选择最合适的对象，安排最合适的工作。然而，当你穷尽了可以做到的一切，就会发现，凭借自己的经验、知识、判断力等各种手段，都不可能做得更好之时，就不得不借助一些非人力的手段。这时，抽签不失为一个选择方法。

但是，如果把一切都交给掣签，管理的积极意义将不复存在。所以，掣签只能偶尔为之。掣签的操作是有严格边界的，只有在人力确实不胜任时才可采用。古代之所以有那么多的占卜，就是因为当时的人们能力和水平有限。随着人们经验的丰富和能力的提高，占卜就逐渐减少了。即便是在动不动就要占卜的商周时期，统治者也有一条基本准则，即“无疑不占”——人能选择的事情，就不要交给天意。

正因为如此，明清的掣签法，有着严格的限定。是否具备任职资格是不能掣签的，而要由考试、资历等因素确定。掣签只能在具备任职资格的人中间进行，而且还要尽可能设定范围，只要是人力能够确认的差别，就不在掣签之列。即便是都具备了任职资格，也要尽可能减少偶然因素的影响。比如，考虑到具备知县任职条件者的差别，清代就规定了参加掣签人员的出身比例。另外，掣签也是可以作弊的，要保证公正，就须防范各种可能发生的弊端。于是，清代专门规定了掣签的具体办法。凡签选之官，在举行掣签仪式那天，由主管任命的吏部和主管监察的都察院共同主持，验明写好职务的缺签和参加抽签人员的名签，共同封入签筒，到天安门外在众目睽睽之下抽签，抽名签确定次序，抽缺签确定任职地点。

即便是这样，还需要不断改进。明代州县之缺，根据钱粮多少和事务繁忙程度分为繁缺和简缺，分别进行抽签。清代做了进一步改进。按冲、繁、疲、难四个字区分等次。四字缺为最要缺，三字缺为要缺，二字缺为中缺，一字缺一般为简缺，无字则均为简缺。但个别的缺分等次还要根据实际调整。同一级别但不同任职资格候选者，对应参加不同缺等的抽签。这样，使抽签更加公平。

掣签法告诉我们，管理必须考虑到人力所不及的事项。在人力所不及事项的管理中，可以用类似抽签的方式“自然选择”。但是，抽签也要不断改进，把其中人力可认知并可解决的事项剥离出来。只有在找不出比抽签更好办法的情况下，才采取抽签式办法处理。总之，不要总想着“人定胜天”，但也不要以“天命”或者“运气”为借口放弃人的努力。在“知天命”的前提下“尽人事”，这是管理者的一个基本准则。敬畏自然的本质，就是承认人自身的局限性。

第四章　决策中的信息问题

16. 恐惧造成的判断失误：韩信因何谋反

韩信是否谋反是一个历史疑案，造成疑案的根本原因是恐惧。当肾上腺素支配行为时，组织悲剧不可避免。

汉初韩信被杀的故事为人们所熟知，关于他是否真要谋反，学界却一直有争论。不管真相如何，淮阴侯韩信以谋反之罪被吕后用计杀死在长乐宫，则是千真万确的事实。如果从组织与管理角度反思韩信是否谋反？为何谋反？倒不失为一个有价值的案例。

对韩信在楚汉相争中的重要作用，人们都清楚。当韩信拥有重兵之时，如果谋反易如反掌。第一次，是刘邦在荥阳与项羽苦战之时，韩信扫平赵、燕、齐之地，已成一方诸侯之势。

于是，他请求刘邦委任他为假（代理）齐王。刘邦极为不满，但在张良、陈平的提醒下，称："大丈夫定诸侯，即为真王耳，何以假为!"直接册立韩信为正式齐王。项羽的说客武涉为韩信分析当时的形势道："足下右投则汉王胜，左投则项王胜"，建议韩信拥兵自立，形成三分天下之势。而韩信有感于刘邦"解衣衣我，推食食我，言听计用"之恩，拒绝了武涉的提议，全力支持刘邦。第二次紧接着第一次，是齐人蒯通以相士角色策动韩信自立，理由与武涉完全一样，也是"足下为汉则汉胜，与楚则楚胜"，稍有不同者是蒯通建议由韩信自己来建立最高政权，令"天下之君王相率而朝于齐"。但韩信同样不忍背汉，史载此时的韩信"自以为功多，汉终不夺我齐"。第三次，是在垓下灭了项羽之后。刘邦改封韩信为楚王，"汉终不夺我齐"成了一厢情愿，胜利后即刻就被夺走了齐变成冷酷现实。这时韩信依然拥有谋反的实力却没有反，很有可能他觉得楚王也是王，"待遇不变"，更有可能他认为服从和示好可以解除刘邦对自己的戒备。第四次，是在刘邦巡游云梦之际明显表现出对韩信的敌意。此时韩信如果造反，仍有一定实力。但他犹豫了，而且逼死了项羽亡将钟离昧以表忠诚。没想到刘邦却以谋反罪把他抓起来，使他说出了"兔死狗烹、鸟尽弓藏"的名言。但这次韩信谋反的证据实在不足，刘邦虽然无赖，也多少有点不忍之心，于是赦免了韩信，把他降级为淮阴侯。最后一次是陈豨谋反，刘邦亲征，史书言之凿凿称韩信与陈豨勾结，吕后用萧何之计杀了韩信。

对于韩信策动陈豨谋反并许诺发动政变作其内应一事，其证据是否靠得住，笔者觉得十分可疑。韩信是羞于与周勃、灌夫这些武夫为伍的，即便在韩信失势后，刘邦手下第一猛将樊哙见了韩信依然毕恭毕敬，可见韩信在老一代将领心中的威望。以韩信的谋略能力来看，指控韩信谋反的那些说法太过低档次。《史记》记载的韩信在陈豨辞行时的话语，不像一个有谋略的将军所为，更像一种小说家的杜撰。至于韩信密谋诈诏赦免官奴徒，并靠这些亡命之徒去杀吕后和太子，被手下密报吕后而阴谋败露的故事，太过小儿科，仔细推敲起来处处有破绽。韩信谋反的指控是否属实，得由历史学家去考证。即便韩信最终谋反是真，作为管理者，我们更关心的是，韩信是如何一步步走上不归路的？当代公司运行中，总会遇到高管团队的变化和调整，甚至会有内讧和分裂，企业怎样才能避免掉进高管“叛变”的陷阱？

学管理的都知道皮格马利翁效应，这一效应最简单的表述就是“你希望什么，就得到什么”。人们一般从积极意义上理解它。但韩信的案例告诉我们，皮格马利翁效应还可以表述为“你恐惧什么，偏偏就会遇到什么”。刘邦最担心的是韩信谋反，这种担心会导致他“无中生有”，即便韩信没有谋反，也会按照他将要谋反来对待。在这种心理支配下，对方越表示没有二心，上级就越怀疑他是伪装。韩信逼死钟离眛并不能取信于刘邦的原因，就在于你既然忠心无二，为何先前要窝藏该人？现在我要收拾你，你才杀了钟离眛，说好点是你不打自招，说不好点是你用心更深，横竖都是你靠不住的铁证。现实管理中，高层的成见一旦形成，下面不论做什么都会“验证”这个成见。以韩信为例，即便他做得更多，刘邦找不到他追随汉王以来的破绽，也有可能认为他从一开始投奔汉王时就是项羽派来的奸细。在公司高层的内讧中，一旦认定“你从一开始就没安好心”或者“别以为我不知道你在打什么主意”，这种“逼反”效应就已经开始发酵。

上级一旦对下级起疑，下级就有可能洗不清。刘邦除了怀疑韩信，还曾怀疑过萧何，只有张良以辟谷修道的方式避开了这种怀疑。当萧何奏请开放上林苑让无地农民垦种时，刘邦就把萧何关进大牢，理由是萧何“自媚于民”，收买人心，只是在王卫尉的质问下才放了萧何。有些不明就里的学者，赞扬萧何强买百姓田宅的自污行为，认为这可以解除刘邦的疑心，其论误矣。刘邦之所以放了萧何一马，关键是萧何始终没有插手军务，在军队中没有任何影响。假若萧何是军功起家，哪怕有十个王卫尉为萧何鸣屈也无济于事。至于秦时王翦请求“美田宅园池”以去秦王之疑的举措能够奏效，关键在于当时秦王正在用人之际，且王翦的田宅来自秦王恩赐。如果王翦是自买田宅，恐怕适得其反。所以，如何跳出谋反陷阱，前提是君主要给出不是陷阱的生路，而不在于被猜忌者的表白自保。在这方面，做得最好的就是宋太祖“杯酒释兵权”，但这种案例太少，而韩信式案例则屡见不鲜。

韩信谋反有一个很有意思的现象，在他最有实力谋反时，他最不想谋反，反过来，随着一次次的实力削弱，他的离心倾向越来越强烈。如果从决策形成机制看，陷身于利害冲突漩涡中的权衡和选择，反叛者并不是在自身力量最有利时发难，而往往是在自身已经陷入绝境时孤注一掷。是否掷出最后的筹码，不在于他有多少本钱，而在于是否陷入绝境的自我判断。由此再进一步推论，中国古代的兵法十分看重“穷寇勿追”，围困也要网开一面，目的就在于不要使敌手陷于绝境。那么，在内讧中，如何把握“留余地”和“给出路”的分寸，就是至关重要的判断。而建立“商人式分手”的契约（哪怕仅仅有分家式的模糊默认），则是杜绝反叛、走上正常组织分化的制度保证。

由此可见，促成韩信式谋反的条件有二：一是上司对下属的失控恐惧，二是下属对自己的绝境恐惧。上下双方对这种恐惧的判断，心理因素要占主导地位，往往是一种肾上腺素作用的表现，并非深思熟虑的理性判断，即便有理性权衡也不起决定作用。韩信在最有力量谋反时却最不想谋反，并不是他不懂利害计算，而是由对刘邦的感恩形成了情感依托。在最没有条件谋反时却反了（暂且假定最后的谋反属实），是不断增加的恐惧陆陆续续把以往的情感依托冲刷殆尽，只留下了绝境带来的恨意。这种决策，是不能用数理方法求解的。

推而广之，有许多具体管理举措，如果从“恐惧”角度考察，就可以更清楚地看到其要害所在。例如，某些绩效考核的方法，究竟是出于激励员工的愿望，还是出于防范员工偷懒的担忧，或者在激励和担忧中各占多大比重，就值得重新思考。即便是最富有建设性的战略设计，究竟是出于事业发展，还是出于对威胁的恐惧，也需要认真掂量。走出韩信谋反的陷阱，最根本的还在于解除组织内部的心理防卫，进而克服信息障碍。当代管理学对此提出组织学习理论，而中国古代形成了独有的“诚”道。对此，值得专门进行研究。

17. 信息屏蔽之害：汉武帝“巫蛊之祸”的启示

历史上有很多路线错误、政治错误，细究起来，往往是信息屏蔽造成的选择失误。

汉武帝时有一场影响到王朝命运的动乱，这就是有名的“巫蛊之祸”。耄耋之年的汉武帝，疑神疑鬼，总觉得有人要害他。人老了难免多病，江湖骗子江充趁机上奏说皇帝的病症是巫蛊作祟，于是，武帝任命江充查处。所谓巫蛊，是中国古代的一种迷信，即把加害对象刻成木头小人，贴上姓名生辰，以针刺咒语等方式害他。《红楼梦》中的赵姨娘，就对王熙凤和贾宝玉干过这种勾当。当年的汉武帝，一听到有巫蛊，要先发制人，让江充放手查办。江充利用皇帝的信任，借汉武帝去甘泉宫避暑的时机，对与自己有隙的太子刘据痛下杀手，诬陷长安城中的太子宫内有巫蛊。刘据被逼不过，杀了江充，一场大祸由此开端。

甘泉宫在长安城三百里外，音讯不通。此前皇后与太子多次派人到甘泉宫请安，没有回音。年老多病的汉武帝是否健在，在太子看来都成问题。于是，他矫诏起兵自保。而乱中逃亡到甘泉宫的御史章赣，向武帝报告了太子造反的信息。武帝是经过大阵仗的，对太子也算了解，所以，他初步断定太子不敢造反，就派人到长安去查看情况。哪知派的这个人胆小，没到长安就跑回甘泉宫，说太子是真造反。于是汉武帝调兵遣将，平定太子的反叛，坐镇长安城西侧的建章宫指挥，刘据哪里是汉武帝的对手，不但自己断送了性命，而且连累长安城血流成河。事情过去后，汉武帝才发现不对劲。于是，他又处死了一批查处巫蛊有功的官员，并建了一座思子宫，修了“归来望思”之台，但是，此时后悔已经晚矣。

历代史书，往往把这场惨祸归结于汉武帝晚年昏庸，谴责江充的奸佞。然而，透过现象看本质，武帝的昏庸是怎样造成的？江充的奸佞是怎样得逞的？显然，武帝的智力并不低下，从巫蛊之祸以后的所作所为来看，武帝不但没有得老年痴呆，而且十分清醒，既不昏也不庸。所以，造成灾难的原因，既不像晋惠帝那样是统治者的智力问题，也不像秦始皇那样是体制性的箝口问题。究其根本，原因实际很简单，即信息屏蔽。

决策离不开信息，而信息的准确性、及时性和全面性，直接影响着决策的方向和质量。中国古代的君主体制，会造成信息按照皇帝的偏好自动筛选。巫蛊一事本来子虚乌有，但因为汉武帝对自身健康的关切，对权力斗争的警惕，使江充的谗言能够投其所好。远离都城的休养，汉武帝对太子与卫皇后的厌倦，造成了音讯不通的状态。皇帝未必不相信卫皇后，但皇后的请安得不到回复肯定引起她的恐惧；太子未必不想给父亲通报情况，但权力的阻隔增大了空间的距离；大臣未必不了解真相，但亲疏之分导致他们不敢随意进言。正如壶关三老给汉武帝的上书所说，种种原因造成了“智者不敢言，辩士不敢说”的窘境，悲剧就难以避免。

现代的管理者。尽管在许多方面有了优于古代的条件，但是，由于权力阻隔和个人偏好，信息屏蔽的可能性依然存在。例如，对于下面的某些弊端，我们往往会断定“上面肯定知道”，但事实却是上面真不知道。再如，有一个很有造诣的学者，在学界有极好的声望，但是，他一辈子有个字始终读错（把“内讧”读成“内杠”）。人人都知道他读错，但没有一个人提醒他，他自己也觉察不到错误，更想不到去查一查，于是一错到底。

巫蛊之祸说明，很多时候，昏庸不一定是智力问题，更不是判断力问题，而是信息问题。

18. 谣言与真实：苏绰定律的两面性

谣言从事实角度看是虚假的，而从情感角度看是真实的。专家相信谣言是功力低下，而百姓相信谣言是真情流露。

网上流传一个段子，有名有姓，说的是西魏北周一个著名大臣苏绰同北周开国之君宇文泰的对话，而且还有标题，称作《具官论》，有的转载者还在下面加上一个“摘录自《北史》卷六三”，好像真有其事。但仔细一考察，纯属子虚乌有。

这个段子内容很简单，大致说的是苏绰给宇文泰建议，用官要用贪官，清官桀骜不驯，难以驾驭，所以不能用。贪官有把柄在手，可以保证其忠诚。作为君主，大臣的忠诚是首要问题，君主所惧唯有不忠。所以，一旦发现有大臣不忠，则可用肃贪名义定点清除。而君主掌握了官员的贪墨把柄，就能更好地驾驭他们。社会矛盾激化后，则杀贪官以慰民情。要点可概括为："用贪官以结其忠，弃贪官以肃异己，杀大贪以平民愤，没其财以充宫用，此乃千古帝王之术也。"

苏绰是北周名臣，与诸葛亮、王猛齐名。他为北周起草的"六条诏书"，是古代管理国家的经典之作。其本传收在《周书》卷二三和《北史》卷六三之中。网上流传的这个段子是仿拟古文的调侃之作。虽然看起来古色古香，但熟悉古文者不难发现其中的破绽。即便发现不了破绽，稍加查阅亦非难事。但是，这个段子却广为流传，而且越传越神，甚至有人把它称为"苏绰定律"，还有教授借题发挥撰写文章的。因此，有必要澄清这篇文章是游戏之作。否则，会有越来越多的人把它当作历史真实。如果真正对历史有所研究，对苏绰有所了解，就不难确定，苏绰根本不可能讲出如此话语，正史也不可能收录如此对话。类似言论倒常见于野史，但这就需要引用者辨别真伪，考究出处，确定其可信度。

把这种段子当作信史引用，固然可以看出相关人员的功底和水平，但这属于学术圈子的事情，同普通老百姓关系不大。对于管理者来说，这种查无实据的段子会引出另一个问题：如何看待谣言？

从事件的真实性来看，所谓"苏绰定律"肯定是谣言，因为没有任何史料根据，而且也不符合史载的苏绰言行。给苏绰戴上这么一个建议皇帝用贪官的帽子，就好像让一个谦谦君子讲厚黑学，不合情理，令人难以置信，况且它明显违背正史的价值取向。然而，普通百姓不会进行这样的考证和思辨，他们会根据自己的经验判断“苏绰定律”的真假。甚至不排除有人明明知道“苏绰定律”为假，却认定其中的逻辑为真，所以也乐于传播。真假混淆，再添盐加醋，尽管有可能完全变味，而社会上却有不少人喜欢这一口。如果谣言对了多数人的胃口，那么假的也会传成真的。

很多人谈到谣言，往往仅根据其虚假性，强调人们应该不造谣、不信谣、不传谣。从逻辑上看，这“三不”无疑是正确的。然而对管理者来说，这“三不”远远不够。因为谣言哪怕其事实纯属虚构，也具有另一意义上的真实性——情感上的真实性。谣言所说的事件是虚假的，但传递的情感是真实的。正如很多文学作品，在事实上根本没有发生，但在场景和情感上高度真实。历史上并没有贾宝玉和林黛玉，人们却总把《红楼梦》的描写看作社会真实。舞台上杨家将的戏剧基本出于虚构，然而多数观众用它来解读宋代历史。《水浒传》中的宋江同历史上真实的宋江绝不重合，世人却总觉得《水浒传》里的宋江才有血有肉。管理者面对的是人，需要掌握人的真实情感，面对蕴含着丰富情感信息的谣言，如果仅仅做到“三不”，那无异于把自己变成鸵鸟。正因为这一原因，历代王朝都特别重视谣言，即便没有直接听到谣言，也会派出官员到民间“采风”。当代也有所谓“舆情研究”，然而，如果这种舆情研究仅限于对真实信息的传播研究，就等于阻断了民间情感信息的反映渠道。即便是企业的管理者，也要学会关注各种不同的传言，尤其要注意那些明明不真实却能广泛流传的谣言，非此不足以掌握员工的心理动态。如果只关注真实信息而忽略虚假信息，就等于自眇一目；如果只听取正式信息而忽略小道信息，就等于自塞一耳。目瞽耳聋，决策失误就可能大大增加。

首先，管理者要建立听取谣言的通畅渠道，这一点难度最大。很多时候，谣言在基层疯传，而高管却完全不知情，直到谣言酿出事端，高管才一边抱怨一边灭火。高管要明白，正式组织的层级建制，是阻断谣言的隔离带。在积极意义上它可以保证正式信息的有效传播，在消极意义上它会使高管耳背眼花。获知谣言的渠道同正式信息渠道完全不一样，它依赖的是高管与下层的个人接触和情感交流，能否消除高管和下层的身份阻隔，是建立这种渠道的必要条件；高管是否具有人格魅力和亲和力，是获知谣言的个性基础；高管能否在组织内外建立起非正式的关系网络，是得知谣言的组织保障。

当然，管理者听取谣言，不等于让你相信谣言。所以，管理者同一般员工或者群众不一样的地方，在于获知信息后，还要学会对谣言的辨析。一个教授，不能考证出“苏绰定律”是谣言，属于学力不足。一个高管，不能判断出同自己的管理工作相关的信息是否真实，则属于职务缺陷。这种信息校正和核实有多种方法，从渠道来看主要有二：一是用正式信息来校核非正式信息，二是用不同方向不同渠道不同来源的非正式信息互相校核。假如说，正式组织的信息具有高度可信性，那么，人们会用正式信息来校对这种小道传言。然而，如果正式组织没有建立起来高信誉，哪怕其传递的信息是真实的，人们也会倾向于怀疑，更不用说用它来校正小道传言了。此时，校核信息的基本路径依赖于非正式信息的多元和不同种类。

最后，还要学会处置谣言。即便通过校核，认定信息是虚假的，还要分析这种虚假信息的产生机制和产生缘由，对这种虚假信息在员工中引发的心理反应做出大致判断，因势利导采取管理措施。这种处置包括在一定程度上“顺”着谣言方向采取对策。尤其是对多数人都信以为真的谣言，简单的“辟谣”无济于事，通过适当的变革消除滋生谣言的土壤才是正道，提升正式组织的公信力更为重要。切记，当正式信息失去信誉时，也就是谣言大行其道时。

19. 管理信息的真实性辨析：韩愈登华山的逸闻

一个员工，努力学习是真，绩效卓著也是真，但如果把学习与绩效链接为因果关系，则有可能是假。信息的真实性不但包括因素的真实，而且包括结构的真实。

西岳华山以险峻著称，唐代韩愈曾经登过华山，留下了一段上得去却下不来的逸闻。关于韩愈这次攀登华山，他自己在担任四门博士后的长诗《答张彻》中说："洛邑得休告，华山穷绝陉。倚岩睨海浪，引袖拂天星。日驾此回辖，金神所司刑。泉绅拖修白，石剑攒高青。磴藓澾拳跼，梯飚飐伶俜。悔狂已咋指，垂诫仍镌铭。"（《全唐诗》卷三三八）记载了华山之险给他留下的深刻印象，而且坦诚自己“悔狂”，并在山上镌刻有诫铭。

那么，韩愈是如何“悔狂”的？同时代的李肇写有《国史补》，卷中“韩愈登华山”一条，用寥寥数语形象地说明了当时的情境。“韩愈好奇，与客登华山绝峰，度不可返，乃作遗书，发狂恸哭。华阴令百计取之，乃下。”

20 世纪 80 年代初，笔者登华山，与同学们在苍龙岭的“韩退之投书处”曾议论此事。当时议论的焦点是韩愈为何在此投书？因为此地不是华山上公认的险峻之地。但等到遍爬五峰，走过各个景点之后，就不得不承认，韩愈在此投书是有缘由的。华山的其他景点，不管是“鹞子翻身”，还是“长空栈道”，险归险矣，却都有可以手攀的依托。而唯有苍龙岭的山道在岭脊的最高线上，两面都是向下的陡峭山崖，明清之前，这里又绝无护栏扶手和石阶梯级，光溜溜的山脊，上山亦可，下山则心惊胆战。设身处地换作韩愈，在此投书完全可以理解。

问题在于：韩愈所投之书是不是遗书？是否发狂恸哭？《全唐诗》在“垂诫仍镌铭”下注曰：“沈颜遗李肇书，谓退之托此以悲世人登高而不知止，且示戒焉。”可见，李肇的记载是有所本的，绝非道听途说。然而，如果是遗书，则对韩愈的形象不利。你想想，乘兴登山，却因为下山之难而心生绝望，鼻涕一把眼泪一把，口口声声不得活了，困顿之中无计可施，写下遗书投掷悬崖之下，如同遇到海难之人投掷漂流瓶差不多。这样一幅场景，让声名远播的韩愈情何以堪？韩愈本人对此倒不讳言，坦陈自己的“悔狂”并让人镌石为铭以告诫后人。但后人在对此事的解释上，则有了微妙的变化。

韩愈投书，有自己的回忆为证；刻石垂诫，更留下了不可磨灭的资料。同时代的李肇说其“度不可返，乃作遗书，发狂恸哭”，也不过是以名人逸闻趣事的方式实录，既不拔高也不贬低。因为经过生死考验的人都清楚，遗书和求救文书，本来就是二而一的。然而，《全唐诗》的注释，就已经在拔高韩愈，“悲世人登高而不知止”，形象一下子就高大上了。假定韩愈是个恶人，这条注释就很有可能写作“胆小怕死而尽显丑态”。这同样是立足于事实，不能说这就是谣言。

假定有人编写励志教材，韩愈的这一事例，完全可以编撰出两种截然相反的说教来。正面的说教，可以写出韩愈身临绝境还心怀天下，以自己的遭际告诫后人“知足者常乐”的道理。反面的说教可以写出韩愈不知进退而身陷绝境，不能临危不惧而留下供后人嘲讽的笑谈。当然，由于韩愈在历史上是“正面人物”，所以后一种说教并未载入史籍，但也不能认为完全绝迹。在批林批孔时期，韩愈作为“开历史倒车”的儒学传人，以此事为反例的训诫，就在声讨儒家的讲演中出现过。

中国史学向来有“为尊者讳”的传统，即便到今天也时隐时现。所谓“为尊者讳”，并非弄虚作假，而是在对事实资料的选取和运用上要给尊者留面子。有位笔者相当尊重的学人，在为韩愈写评传时曾经说到华山投书之事，断言：韩愈“悔狂”有之，“发狂而恸哭”则出于想象，至于“作遗书”云云，更是小说家之词了。幸亏“悔狂”是韩愈自言，否则，连“悔狂”也有可能讳而不言。这种为韩愈的辩护是无力的。如果从事实角度考察，自己都承认“悔狂”了，凭什么就断言“发狂而恸哭”是出于想象？《国史补》并非小说而是史书，而且因为其记录的时间就在当时，有不少还是作者亲历，所以是学者很看重的史书。古人的“笔记小说”一词，与今人所说的“小说”含义有别（今天的小说，唐人称为传奇）。一句“小说家言”利用古今小说的含义不同，就轻巧地把事实向虚构的方向诱导，这是不足取的。而发出这一断言的学人，学术水平相当高。之所以产生这种偏差，笔者揣测，当是无意识中为尊者讳的缘故。

实际上，“为尊者讳”是一种普遍现象。管理活动离不开信息，而信息的筛选和解释则大有文章。一个误打误撞取得了极大成功的决策，很有可能在事后的总结中变成深思熟虑的高明决断。一个损失了大量利润的经营失误，很有可能被描述成以利润换市场的有益策略。而一个极高水准的管理案例，翻船之后也有可能列举出其水准不高的甲乙丙丁。即便是硬数据，数据的获得与选择往往会随着需要这些数据的目的不同而偏离真正的事实。对此，管理者需要有足够的警惕。

信息是重要的，其真实性往往决定着管理的成败。韩愈华山投书的例子不仅可以供人们茶余饭后消遣，而且可以供人们反思信息求真的路径。信息的真实性，不仅表现在是不是记录了事实上面，而且表现在对事实的解释上面。解释事实需要观察事物的联系，即便事物的元素性确凿无误，如果对事物的结构性形成了“误搭”，仍然有可能失真。当把韩愈的“人品”与“投书”这两个事实联系起来时，就有可能在两种元素都真实的情况下形成结构错误。管理活动的难点，不仅仅在于获取真实的信息，更重要的在于建立起能够展现真实的信息结构。否则，不论是实践总结报告，还是管理研究论文，哪怕满篇都是真实的数据，依然有可能形成误导。

20. 如何得到真实信息：齐威王的兼听

信息的扭曲来自于利益的影响，管理者能否从利益差异中校正信息，是实现利益协调的基础。

《史记·田敬仲完世家》记载了一个广为人知的故事：齐威王即位后，长期不理朝政。有一天，他召来即墨大夫和阿大夫，开始施展自己的治国之术。对即墨大夫，他说道："自子之居即墨也，毁言日至。然吾使人视即墨，田野辟，民人给，官无留事，东方以宁。是子不事吾左右以求誉也。"就是说，自从即墨大夫上任后，齐王身边天天有人说他的坏话，但齐王派人实地考察，却看到即墨田野开辟，百姓富足，官府办事及时，东方社会安宁。这说明即墨大夫没有巴结齐王左右，于是封即墨大夫万户之众。对阿大夫，他说道："自子之守阿，誉言日闻。然使人视阿，田野不辟，民贫苦。昔日赵攻鄄，子弗能救。卫取薛陵，子弗知。是子以币厚吾左右以求誉也。"就是说，自从阿大夫上任后，齐王身边天天有人赞美他，但齐王派人实地考察，却看到阿地田野荒芜，百姓贫苦；赵国攻打甄城县，作为地方长官不能救援；卫国侵占薛陵之地，作为地方长官竟然不知。这说明阿大夫一门心思行贿齐王左右。于是烹了阿大夫，连同平时自己身边那些给阿大夫说好话的人一起烹。这一手，扭转了齐国的政治风气。"于是齐国震惧，人人不敢饰非，务尽其诚。齐国大治。"

这个故事所反映的使贤任能、打击奸佞的道理人人尽知，但对管理来说还有着更深层次的意义，这就是如何才能得到真实信息的问题。管理离不开信息，如果领导人赖以判断问题和进行决策的信息不准确，不可靠，那么，管理活动无异于盲人骑瞎马。齐威王从身边左右的人那里得到的信息，是即墨大夫"毁言日至"，阿大夫"誉言日闻"。假如齐威王依据左右的禀报来处理事务，那么，受罚的是即墨大夫，而受奖的是阿大夫。幸亏齐威王没有轻信左右，而是派使者去实地考察，实际情况是即墨大夫治理有方，而阿大夫的政务一塌糊涂。两种信息完全相反。齐威王采纳了实地调查的信息，否定了左右报告的信息，从而保证了自己用人和决策的正确性。

为什么齐威王的左右会向他提供虚假信息？这是问题的关键。一般来说，人们谈到信息虚假问题，往往会谴责领导人偏听偏信，这固然不错。但是，还要进一步弄清楚，虚假信息的产生根源是什么。如果我们把价值准则也纳入利益范畴来考察，就不难看出，本质上，人都是利益驱动的，齐威王的左右对他说假话，显然对这些人有利；而齐威王派出的使者对他说真话，同样也出于对这些使者有利。所以，领导人判断信息的真假，首先要考虑相关信息对谁有利？会影响到哪些人的利益？正是因为利益的差别，会导致不同的人传递出不同的信息。对于齐威王的左右来说，传递出诋毁即墨大夫的信息是因为在这个人身上得不到好处，而传递出赞誉阿大夫的信息是因为可以从这个人身上得到贿赂。而齐威王派出的使者则不然，他们的利益不是从即墨大夫和阿大夫那儿得到的，而是从齐威王的信任得到的，所以，他们要给齐威王传递真实的信息以维护这种信任。齐威王“烹”那些为阿大夫说好话的大臣，只不过是把利益关系进行了调整。“兼听则明，偏信则暗”，内涵在于通过利益关系的冲突，判断信息的准确性，而不是撇开利益关系的判断去“兼听”。假如齐威王派出的使者能够从说假话中得到比齐威王的信任更大的好处，那么，使者的信息也会造成“偏信”。所以，这个故事不仅要求我们警惕“左右”的虚假信息，同样要警惕“使者”的虚假信息。

管理者应当注意到利益的不均衡，保持自己信息的多渠道，这样才能从不同的利益格局中把握全面信息，实现不同来源信息的互相校正。利益差异是客观存在的，领导人在用人和经营中，应当通过利益的协调以形成团队凝聚力；而领导人在信息沟通中，则必须注意利益的差异性以形成信息的校正机制。比如，“大道消息”和“小道消息”的互相校正，不同部门之间信息的互相校正，内部信息和外部信息的互相校正等等。没有这种多渠道的信息校正，就难以形成协调不同利益的良好决策。如果管理者在采集信息时忽视利益冲突的影响，最终也就难以形成利益协调的管理格局。因此，信息渠道的单一化，往往会孕育出更多更大的利益冲突。

21. 水是怎样被搅混的：弹劾唐仲友案的应对揭秘

经过官场长期磨炼的人精，往往会在不经意间把上司引导到他期望的方向上，更有甚者，还会给上司挖个坑，让他眼睁睁地往里跳。

朱熹作为宋代理学的集大成者，曾经在政坛上十分活跃。他弹劾唐仲友的事件，就是一个十分典型的管理案例。这一事件传言极多，加上还有一个名妓严蕊被牵连进来，更使案情扑朔迷离。

抛开枝叶，事件的基本线索并不复杂。宋孝宗淳熙年间，浙东连遭水旱灾害，流民遍地。朝廷任命朱熹为浙东常平茶盐公事（即路一级的监司之一），到浙东视察灾情，组织救灾，台州在其监督之下。时任台州知州的唐仲友，本为浙东儒士，也是学界名流，但他在台州政务上确实存在问题。朱熹从绍兴前往台州途中，遇到台州逃荒的流民，诉说旱情极重，官府催税紧急；迎接朱熹的通判高文虎，又向朱熹揭发唐仲友为政不端。宋代的通判本来就承担着监督知州的使命，号称监州。民有流民控诉，官有通判检举，朱熹当然要一查到底。一查，贪污官钱、纵容亲属、败坏政务等等问题都浮出水面。于是，朱熹向朝廷奏弹唐仲友，列出罪过八条。不久，又将牵涉的相关人员拘捕审讯（其中就包括官妓严蕊），随后根据新得到的证据，朱熹陆续发出后继弹劾奏章，唐仲友之罪也增加到二十四条。

但是，一连三次弹劾，朝廷却没有动静。当朝宰相王淮是唐的同乡兼姻亲，朱熹揣测是王淮压下了奏章。到第四次弹劾，朱熹已经隐含对王淮的指责。此时，朝中已经有人举荐唐仲友升任江西提点刑狱，并督促朱熹速到衢州视察灾情。面对这种“上面有人”的明显庇护，朱熹的第五份奏章直指王淮与唐仲友勾结。到了此时，王淮再也包不住了，只好上奏孝宗。孝宗询问王淮，如何看待朱唐之争？而王淮的一句看似不经意的回答，就把这一案大事化小，扭转了办案方向。朱熹为之动怒，又上了第六份奏章，专拣唐仲友的重大不法行为弹劾，以备追究定案之用。经过这场抗争，朱熹看清了官场的现实，王淮打算让朱熹接任本来要派唐仲友的江西提刑一职，朱熹坚决不从，乞奉祠归，离开官场。而唐仲友经此打击，一蹶不振。

这个案件的各种争论和传说暂且不表，其性质无疑属于政务问题。其中最关键的是王淮在紧要当口对孝宗说了什么，竟然能够起到“四两拨千斤”的效果？据叶绍翁《四朝闻见录》记载，作为宰相，王淮把朱熹的弹劾疏和唐仲友的自辩疏同时交给孝宗，等候旨意，貌似公正，只是微笑不已。皇帝问他怎样看这件事。王对答以“朱，程学；唐，苏学”。孝宗闻言“笑而缓唐罪”。全祖望在续写《宋元学案》的《说斋学案》时，更直接引用《齐东野语》的说法，称王淮的对答是“秀才争闲气耳”。比较起来，恐怕《四朝闻见录》的记载更准确一些，而《齐东野语》的口气不像稳重端庄的宰相之语。就这样一句话，把政务腐败之争轻巧地拨拉到学术门派之争一边。

王淮不愧是官场高手，深得其中奥妙。他的对答，是搅浑水的绝招。这一绝招的使用，首先要把握好“虚虚实实”的分寸。宋代确实存在学术上的门派之争，而且影响深远。北宋的学派，有王安石为代表的荆公新学，二程为代表的洛学，三苏为代表的蜀学等。朱熹的学术，确实是传自二程。所以，说朱熹是程学千真万确，也能使孝宗深信不疑。但是，说唐仲友是苏学传人则毫无根据。前半句实，后半句虚；前半句用来诱导孝宗上钩，后半句夹带自己的私意。皇帝并非学术专家，很有可能不清楚唐学与苏学没有关联。万一皇帝知道，弄错某人的学派源流也不是什么大事，尽可以遮掩过去。只要皇帝确认了前半句，就成功了大半，如果皇帝不知唐的学术师承，就毫无破绽。况且，作为宰相，对皇帝的学术底子，应该掌握到八九不离十。

其次，要在假公济私中表现出公心。王淮的对答明明是出于维护唐仲友的私意，却要让皇帝觉得是出于公心。这个“让皇帝觉得”极为重要，哪怕说得天花乱坠，皇帝不这样看，也是白费气力。王淮的取巧之处，是不正面判断两人的对错，而是貌似公正地说明两人的学派区别。孝宗的问话，本来是要听取王淮说谁对谁错。作为政务总管的宰相，有义务向皇帝指出两人各自的政务得失。然而，王淮避开了这一应承担的责任，以学术门派替代了政务评价，而且还能以这样的回答给皇帝造成不偏不倚的公正形象，促使皇帝在不知不觉中受到答话的支配。

再次，要采取恰当的方法进言。多数情况下，这种搅浑水的话语，要以“引而不发”的方式，争取对方的询问。王淮在递上两份奏章时的微笑，就起这样的作用。假如王淮只是以等待指示的表情递上奏章，那么，孝宗发问的概率就会大大降低。人们在做出决策时，总是希望得到更多的信息，尤其是自己还不知道的信息。王淮的微笑，等于告诉孝宗，自己对此事洞若观火。假如王淮要抢先机，递上奏章就主动进言，那么孝宗就有可能生疑。一旦生疑，哪怕带出一句“唐仲友是苏学吗”的反问，王淮也会极为尴尬，甚至可能功败垂成。当然，进言方式没有一定之规，需要随机应变，但万变不离其宗，以对方相信进言为目的。

最后，要能拨动决策方向。前面所说，都是铺垫，只有当孝宗“笑而缓唐罪”，才算成功。这就需要反过来推论，所说的话语能不能扭转乾坤，打动对方？假如王淮采用别的理由，说唐仲友孤傲得罪了人，说朱唐二人过去有矛盾等等，都不大可能使话题完全摆脱政务问题。一旦纠缠于政务，唐仲友罪责难逃。而王淮选取了学派之争，再严重也不会问罪。

我们分析这个案例，不是倡导大家都学王淮，而是提醒人们注意这种搅浑水的方法。即便不是同类事务，这种方法似乎到处可见。例如，慷慨激昂地维护正义，很有可能在正义的呼声中暗暗包含着自己的私利。追求私利并不算错，然而把私利当作公义就有可能走偏。下面可能是在私利和公义之间搅浑水，上面也可能在自利和利他之间捣糨糊。了解了水在哪儿被搅混，就能明白应该在哪儿去澄清。

22. 领导人的雅量：魏徵怎样批评唐太宗

谏言不能要求“实事求是”，只能要求听谏者具有雅量。而教训则必须允许下级辩解和反驳。言论的方向，决定着说话的两种尺度。

唐代的魏徵，以敢于犯颜直谏而出名。他和唐太宗之间的“批评与自我批评”几乎已经成为传诵千古的佳话。但是，如果仔细翻一翻《贞观政要》或者后人编纂的魏徵谏言集，可能就会在称颂李世民的虚怀纳谏时看出另一种蹊跷。这种蹊跷，就是危言耸听的效应。

所谓谏言，是批评者对当事人的指责，立足于质疑、反问，是一种挑刺儿式的言说。由于是挑刺儿式的评头论足，所以，发言人往往不大考虑可行性问题，而且，为了引起对方的重视，往往把问题说得越严重、越耸人听闻越有效果。当然，如果说的是事实倒也罢了，如果不是事实或者过于夸大事实该怎么办？对于这样一种言说，能不能要求“实事求是”？

很多时候，实事求是都必须坚持，然而，世界上的事情总有例外。在进谏和纳谏的关系上，恰恰不能讲实事求是。看看魏徵的谏言记录，不难发现，在魏徵的言论中，唐太宗简直就是历史上最坏的皇帝，魏徵不是把他比作商纣王，就是把他比作隋炀帝。甚至更有甚者，说他连隋炀帝也不如。有点历史常识的人都知道，唐太宗再不济，总比纣王和炀帝强过无数倍。从实事求是的角度看，魏徵几乎是信口开河，胡言乱语。不给他定一个“恶毒攻击”罪，就已经是皇恩浩荡了。李世民有时听着这个乡巴佬的刺耳言论，难免窝火和不服气。本来是九个指头和一个指头的关系，充其量三七开，凭什么说得一无是处一团漆黑！这是正常反应。但我们不要忘了，正是这种正常反应，毫无疑问叫作拒谏，实际效果是堵塞言路。所以，在这个时候，就不能坚持要求进谏者实事求是。

直言进谏的奥妙，在于没有夸张就没有直言，没有捕风捉影就没有进谏。对此，如果以实事求是来衡量，多半是有问题的。进谏不是辩论赛，不是给双方对等机会，而只能是一方言辞犀利，另一方含颌不语。这里需要的不是对事实的核定，而是容忍不实之词的雅量。一旦受谏者对不够实事求是的地方加以辩解、说明和反驳，即使这种辩解、说明和反驳是正确的，都会导致进谏的失败。只有进谏者单方发言，才能取得真正的效果。正因为如此，古人才把进谏的标志称为“诽谤木”。也就是说，进谏的本质就是诽谤。

纵观历史，即便是不那么开明的皇帝，对其中的道理也是心知肚明。西晋的刘毅“言不苟合，行不苟容”（王基《荐刘毅表》），也是魏徵一流人物。他在晋武帝洋洋得意之时，直言称其“可方桓灵”，把晋武帝比作东汉最腐败的桓灵二帝。这使晋武帝的面子上挂不住了，悻悻然辩解道：“吾虽德不及古人，犹克己为政。又平吴会，混一天下。方之桓灵，其已甚乎?”刘毅则一点面子也不留，回答说：“桓灵卖官，钱入官库；陛下卖官，钱入私门。以此言之，殆不如也。”幸好晋武帝还算知趣，给自己找了个台阶下。笑称：“桓灵之世，不闻此言。今有直臣，故不同也。”（《晋书·刘毅传》）正因为如此，史书才不会把晋武帝与秦始皇并列。

当然，由于听谏者权力在手，遇上秦始皇式的主儿，那就有点麻烦，甚至是实事求是的进谏，也可能带来杀头之祸。所以，中国古代有不少人总结出了许多进谏的“门道”，盘算怎样才能“不逆龙鳞”，怎样才能悦耳顺听。但这样一来，就不能称其为“谏言”，阿谀奉承由此发端。多年以前，笔者在一份人事档案中看到过这样一份“鉴定”：大意是，该同志疾恶如仇，敢于同不良倾向做斗争。但最后却有一句“希望今后注意方式方法”。我们不妨推论一下：这个人注意了方式方法，疾恶如仇还存在吗？现今有不少人写文章撰著作给人们教进谏的方法，包括如何察言观色，如何低声下气，如何给谏言包装上可口的糖衣，甚至如何揣摩上意选择进言时机等等。如果听信了这类教导，在下者会失去进谏之勇，在上者会失去纳谏之明。许多人都喜欢给苦口黄连掺糖，但按照中医理论，黄连能清心火，靠的就是苦味。

有一点要注意，这就是言论的方向性。下级批评上级，可以夸大其词，而且不能堵口；上级批评下级，则必须实事求是，而且还要允许辩解和反驳。中国古代在后一方面恰恰是另一种做法。皇帝责骂大臣，不管有理无理，一概洗耳恭听，出一声大气都算犯上。这正是专制的表现之一。严格来说，“谏”和“训”是有明显区别的。同样是批评，“谏”是针对权力的，而“训”是行使权力的。“谏”一旦要求实事求是，就意味着权力可以在事实领域无限干预；“训”一旦为所欲为，就意味着撤销没有权力者的所有防守手段。

古人可以做到听谏时表现雅量，发布教训时则不容置喙。前者是为了王朝的长治久安，后者是保证皇帝的无上权威。在今天，前者可以借鉴，后者需要改造。民主社会的言论自由，当然包括说错话的自由。如果要求无权者不能说错话，等于钳口；如果要求下面对于来自上面的教训“有则改之，无则加勉”，等于怂恿权力为恶。

第五章 对决策者的监督

23. 对决策者的约束：针对皇帝的封驳制度

批评皇帝不但不会削弱皇权，反而可以增强皇帝威望，其中的奥妙，全在封驳制度的运作之中。

中国古代官场不乏敢于抗上、直言不讳的耿直之士，加上文学作品中对皇帝一言九鼎、权臣压制言路的渲染，使不少人认为古代的制度不允许臣下抗命君主。殊不知即便在皇帝最专制的情况下，也还有可以否决皇帝意见的封驳制度。

中国在汉代就建立了封驳制度。所谓“封”，就是把皇帝的敕令退还回去拒不执行；所谓“驳”，就是指出皇帝敕令中存在的错讹失误。汉代的丞相，在制度上享有封驳权。例如汉哀帝时，丞相王嘉就退回了皇帝要加封董贤的诏书。然而，丞相既要执行皇帝的诏旨，又享有封驳的权力，在职能上存在冲突。当时的解决办法是：如果皇帝不愿听从丞相的封驳，那么丞相就应当辞职。否则，国家机器就不能正常运作。到了唐代，解决这一问题的方法是部门分工。唐代实行三省制，中书出诏令，门下掌封驳，尚书管执行，门下省的职责就是“出纳帝命，封驳诏奏”。凡有制敕下发，先经门下，认为不当者可以封还重拟，需要修改者直接批注退回，具体由给事中操作，“诏敕有不便者，涂窜而奏还，谓之涂归”（《新唐书·百官二》）。其后，这一制度一直存在，就连孟森认为“最无制度”的元朝，也有同封驳类似的覆奏举措。忽必烈曾经对右丞相史天泽说：“朕或乘怒欲有所诛杀，卿等宜迟留一二日，覆奏行之。”（《元史·世祖二》）明朝，内阁依然可以封驳皇帝的诏旨，嘉靖时的阁臣杨廷和，针对议大礼，“先后封还御批者四，执奏几三十疏，帝常忽忽有所恨”（《明史·杨廷和传》）。另外，六科给事中专门负责封驳，“诏旨必由六科，诸司始得奉行。脱有未当，许封还执奏”（《明史·骆问礼传》）．即便到了崇祯年间，李清任给事中，曾看到被皇帝下令廷杖的官员，已经根据旨意解衣待杖，也要等给事中签押的驾帖送到后方可行刑，这显然是封驳制度的遗留。

皇权既然是专制的，为何还要有封驳制度？封驳会不会对皇权形成损害？显然，封驳制度的建立来自于政治实践。汉唐吸取秦隋的教训，认识到皇帝也需要有人不断提醒，如果没有人在皇帝头脑发热时降温刹车，有可能会给帝国带来灭顶之灾。所以，尽管皇帝可能会觉得封驳限制了自己的权力，使自已不能为所欲为，但权衡利弊，有它还是比没有好。当然，皇帝在遭到封驳时，很可能会觉得束手束脚，像嘉靖皇帝就曾被多次抗命的杨廷和气得吹胡子瞪眼，但他也无可奈何。从历史的经验看，封驳不但不会降低皇帝权威，反而由于其能够减少皇帝的失误，倒过来增加皇帝的威望。

当然，如果封驳导致皇帝的命令得不到有效贯彻，则会严重影响帝国的运行。所以，历代的办法是对于皇帝不听取的封驳，则提出封驳的相关官员尤其是负有执行责任却持不同意见的官员，则要辞职，一是表达自己的坚持，二是腾出位子保证皇帝意旨的贯彻。唐代开始把封驳权与执行权分开在两个部门，在一定程度上消解了封驳与执行的这种矛盾。

了解封驳制度，可以使人们知道，即便是在最专制的体制下，对于最高权力依然需要有一定的制度约束。在高管团队中，要给不同意见的表达留出一定的制度通道。号称天纵圣明的皇帝，也不可能不犯错误。如果制度上从一开始就不允许不同意见存在，那么，这个制度肯定会出大错。专制型的管理，也需要给最高领导人留出可以转圜改变主意的余地。

封驳制度的运行和演变，反映出制度作用和人的作用是相互配合的。历史上的抗命，多数不仅要靠正人君子的正直敢言，而且要靠相应的制度保障。没有制度的抗争，实际上是原始丛林状态。所以，即便是人治体系，也需要重视制度建设（习俗也是制度）。所谓人治与法治，不过是二者的比例与侧重不同而已。把二者对立起来，是一种过于简单化的思维。当然，人与制度的相互作用，有可能使制度的初衷得到强化，也有可能使制度的初衷弱化，还有可能改变制度的初衷。封驳制度的实施效果和演化方向，取决于不同的人对这一制度寄予的不同期望和不同努力。中国历史上的王朝兴衰更替，是人与制度的合力造成的结果。封驳制度在运行中，其效果如何取决于人。如果皇帝愿意听到不同意见，或者不愿听但却理解这一制度的积极作用，封驳就会强化；如果皇帝认为封驳是对自己权力的剥夺，则会弱化；如果皇帝要借用封驳达到另外的目的（比如整肃队伍），则会影响到封驳的指向。

人们还需要认识到，任何时候，总会有人钻制度的空子，上下都有。当制度会增进相关人的利益时，人们乐意遵循制度；当制度削减相关人利益甚至危害相关人时，是人都会规避甚至违反制度。正由于人们利益的不同，才会出现制度的博弈。秦始皇的强势权威，导致为批评朝政设置的博士制度“备而弗用”；唐太宗对变成昏君的担心，则助长了魏徵提意见的勇气。所以，没有正强化的制度，作用会衰减；只有制度本身能带来激励，其作用才可不断增强。统治者志得意满、过于自负时，封驳的效应就会削弱；统治者“如履薄冰，如临深渊”时，封驳的效应就可增强。当杨国忠以仪仗马队为例，威胁敢于嘶鸣的仗马没有草料时，大臣们就以沉默不言居多；当明代遭受廷杖能够青史留名，而且士人以气节相尚时，乐于挨打的大臣就前仆后继。

在管理中，行动需要共识，决策需要异议。封驳就是一个表达异议、达成共识的制度安排。更重要的是，制度是在运行中不断修正调整的。只有昙花一现的短命王朝或者起义叛乱，才会把封驳当作对最高权力的危害。

24. 监督问责机制的误区：秦二世的督责术为何失败

古代的问责，隐含的逻辑前提是臣下都有罪。而一旦皇帝把所有臣下都摆在对立面，皇位也就坐不稳了。

秦二世而亡的历史教训，是历代统治者警诫自己的一面镜子，至今需要从不同角度进行思考。其中督责术的失败，就是一例。

胡亥上台时，担心大臣不服，按照赵高的建议，以杀伐立威。按理，这种宫廷政变往往会引起上层动荡，如果统治者能够安抚下层，就能在一定程度上化解因为权力变更带来的恐慌。但是，胡亥在赵高的调教下，只懂得使用暴力。他不但诛杀宗室功臣，而且屠戮下层官吏，“案郡县守尉有罪者诛之，上以振威天下，下以除去上生平所不可者”（《史记·秦始皇本纪》）。秦朝很快就遇到了统治危机，陈胜吴广振臂一呼，天下大乱。李斯上奏，请求暂停阿房宫的营建，减少戍徒征发，以稳定时局。无论从哪个角度讲，李斯的建议都是可行的。

然而，胡亥不这样看。恰逢吴广的起义军向西开进，李斯的儿子李由任三川郡守，镇压不力。胡亥就派使者问李斯，你贵为三公，天下乱到这个程度，而且你的儿子有直接责任，“如何令盗如此?”李斯害怕了，于是揣摩二世的心思，给他提出建议，让推行督责术。

所谓督责术，即督察问责的管理方法。应该说，管理离不开督察问责，然而，李斯向秦二世提议的督责术，却是出于另一种考虑，即如何保证皇帝大权独揽。所以，督责术要排除“俭节仁义之人”“谏说论理之臣”和“烈士死节之行”，因为这三种人会妨碍皇帝的享乐，挑战皇帝的权威，冲击皇帝的尊严。督责要采取君主独断的措施，其目的在于更严厉地控制臣下。“臣主之分定，上下之义明，则天下贤不肖莫不敢不尽力竭任以徇其君矣。是故主独制于天下而无所制也。”李斯的推论是：“督责之诚，则臣无邪，臣无邪则天下安，天下安则主严尊，主严尊则督责必，督责必则所求得，所求得则国家富，国家富则君乐丰。故督责之术设，则所欲无不得矣。群臣百姓救过不给，何变之敢图？若此则帝道备，而可谓能明君臣之术矣。”（《史记·李斯列传》）这种督责术，其本质是把一切权力都收归皇帝，把各种责任都落实在下面，所有官员甚至老百姓都被放在有过错的位置，问责就是找茬，下面的人员挽救自己的过错还来不及，谁还可能同皇帝对抗？秦二世大喜过望，切实推行，结果是把自己迅速送上了死路。

督责术的思路在逻辑上是成立的，即把所有臣下都放在有过错的位置上，这样，就使皇帝掌握了控制臣下的终极手段。中国古代的帝王深谙其中的奥妙，曹操等人就推崇“使功不如使过”的用人之道。用有过错的人，他会服服帖帖，而用有功劳的人，他有可能居功自傲。但这种思路在秦二世手里，却成为毒药，原因何在？

首先，李斯的建议本身就有问题。他为了讨好胡亥，只强调督责给皇帝控制臣下带来的便利，有意不谈督责有可能给社会带来的危害。李斯所设计的督责标准是对社会财富的搜刮和对社会秩序的控制，各级官吏为了逢迎皇帝，最差也要考虑自己避祸，就会无所不用其极。秦二世按照李斯的建议厉行督责后，“税民深者为明吏”，“杀人众者为忠臣”，社会矛盾空前激化。然而，只要出现社会冲突，就会成为皇帝问责的新理由。于是，官吏们为了规避责任，千方百计隐瞒真相，报喜不报忧，致使皇帝看不到危机，最后出现“指鹿为马”而无人敢言的昏暗政局。

其次，这种督责术需要有皇帝的自省。按照督责术的设计，皇帝对所有官吏都可抡起问责大棒，追究你就是严格执法，不追究你就是皇恩浩荡，把君主置于绝对正确的地位。这种制度要求君主不能犯错，起码不能犯大错。在没有不同意见、失去谏议批评的情况下，君主有错而不自知，往往会在错误的道路上越走越远。所以，恰恰是这种制度，导致君主的小错无法显现和纠正，一出错就是大错。

第三也是最关键的，是皇帝与臣下的对立。尽管上面两个问题在各个朝代都不同程度地存在，但多数没有引发像秦末那样的激烈对抗。而胡亥则不然，他实行督责术引发的冲突，其剧烈程度在历史上极为罕见。究其原因，是胡亥把自己弄成了真正的“孤家寡人”。胡亥口口声声遵从申韩，但他没有弄懂申不害的“术”该如何驾驭，也没有弄懂韩非的“法”该怎样掌握。在法家的治国理念中，赏罚二柄是缺一不可的。有些帝王运用“使功不如使过”的用人之术确有成效，其前提是要有笼络人心的初衷。对于有过错的官员来说，他为上司卖力的前提是上司不追究他的过错。所以，采用这种方法的奥妙是，君王总把臣下的过错拿在手里，时时提醒臣下却不予处理。“引而不发，跃如也。”这样才能使臣下死心塌地为自己卖命。一旦真正问责，就意味着被问责的官员变成了自己的敌人。胡亥长在深宫，缺乏大风大浪的磨炼，他只看到了督责对官员的威胁，而没有看到督责造成的君臣对立。从史书看，秦始皇虽然严苛，但也有赏有罚。而到秦二世，除了严刑酷法，几乎没有恩赏赦免的记载。这说明，胡亥已经把所有官员都推到了对立面，包括他信任的赵高，一旦面临问责，也在反叛之列。

秦二世的督责术已经成为历史，需要我们今天思考的是：督察和问责的立足点是什么？由谁来督察问责？如何防止责任压力下的隐瞒欺骗？尤其是如何防范督责造成的上下对立。尽管我们早已推翻了帝制，然而，长期的文化积淀，使许多人心中都有一个无形的皇帝。所以，哪怕只是一个班组长，在问责员工时，也需要清除无意识的帝王情结，使管理行为实现由控制术向协作术的转变。要做到这一点，就要先回答一个最基本的问题：问责部下时，是把部下当作事业的合伙人，还是当作潜在的敌人？由此出发进一步扩展，不管哪种管理制度和方法，一旦会产生较为普遍的冲突时，是不是先不要急于考虑下面的执行力，而是先考虑一下制度和方法本身的合理性。

25. 最高领导人错了怎么办：萧望之之死

领导出错，为了保住面子和威信，刻意掩饰，或者将错就错，可能会累积出更大的错误，最终产生悔不当初的代价。

西汉有一位冤屈致死的著名官员萧望之，他的冤屈不是别人正是他的学生造成的。这位学生之所以会冤枉他的老师，不是因为别的，全是因为其皇帝身份。

萧望之的学问和为人，在那个时代是出类拔萃的。作为天下知名的儒学传人，他因为不愿在大将军霍光召见时被“安检”而影响了仕途，幸亏励精图治的汉宣帝看中了他，屡屡提拔，官至御史大夫。但萧望之不改书生脾性，“不尊重”皇帝信任的丞相丙吉，反对皇帝赞同的常平仓政策，在朝中惹了一批人，关键是皇帝也对他不满意。于是，有些揣测皇帝意图的朝臣就纷纷指责萧望之，罪名列出一大堆，包括对丞相无礼、贪财、傲慢、不能辅政等等，不过，汉宣帝还是明白人，知道这种抨击背后的名堂，一方面免去萧望之的御史大夫之职，左迁为太子太傅，让他去辅导太子，另一方面在左迁时下达了“帅意亡愆，靡有后言”两句上谕（见《汉书・萧望之传》），含义是“不要有过失，不要再辩解”，颇值得玩味。

萧望之是名副其实的太子太傅，他给太子传授《论语》《礼》等儒学经典达八年之久。宣帝驾崩前，专门召见史高、萧望之、周堪三人受遗诏辅政，萧望之任前将军光禄勋之职，成为汉元帝的顾命大臣。很快，身为外戚的史高同掌握实权的宦官中书令弘恭、石显结成帮派，同萧望之发生矛盾。萧望之主张政务用儒生不用宦官，弘恭和石显恨之入骨，于是，他们趁萧望之休假不在朝堂的机会，让人诬告萧望之，并在诬告信上拟出“请谒者召致廷尉”的处理意见。元帝刚刚即位，不懂“召致廷尉”就是下狱，以为不过是询问情况，就签发了文件。等到要召见大臣，才知道萧望之已经被关押在狱中，大惊，下令快放出来视事。石显一伙以维护皇帝尊严为由，对元帝说：皇上刚刚登基，师傅下狱，如果摆明是冤狱，岂不抹黑皇帝？建议“走法律程序”。于是，元帝被他们操纵，下令对萧望之赦罪免职。书生气十足的汉元帝，就这样着了石显一伙的道儿，把无罪变成有罪。

过了数月，元帝以“尊师而重傅”的理由，重新任命萧望之为官，并打算用他当丞相。当时，萧望之的儿子正因为父亲的冤狱不服气，上书请求复查。石显一伙又给元帝进言道：萧望之仗着帝师身份，让儿子上书，这是“归非于上”，给皇帝找茬。不妨让萧望之受一点牢狱之苦，打打他的气焰，才能显示出皇上对他恩重如山。元帝心怀疑虑，说：萧太傅素来刚直，怎么肯接受审讯？石显等人说：人命至重，萧望之的罪名不过是言语小事，不会出问题。元帝于是批准逮捕，萧望之果然饮鸩自杀。

萧望之一案，实际反映出管理决策中的一个重大问题：最高领导人错了怎么办？汉元帝的教训，最起码可以给高管提供以下启示：

首先，皇帝也出错。世界上没有十全十美的人，任何人都有可能出错。那种皇帝“金口玉言”的说法，不过是评书故事中的场面话。西方所谓“国王无错”的谚语，在过去是以国王享有错误豁免权，在当今是以国王没有政务权为前提的。至于公司领导人，更不可能享有帝王的特权。正因为皇帝出错影响巨大，所以，为了让皇帝少出错，古代形成了复杂多样的言谏、垂询、朝议、廷诤等校正方法，乃至封驳等制度。任何公司的运行，不能建立在董事长不出错的假设上，这就需要尽可能构建一套不同意见充分表达的机制。皇帝不可能什么都懂，如果汉元帝不知道“召致廷尉”就是下狱的批示，能够被有关部门封还或者驳正，就可以把错误消灭在萌芽状态。汉代的制度漏洞是封驳权在丞相和御史大夫，执行机关就是封驳机关，唐代便修正了这一漏洞，把封驳权专门交给门下省，明清则是由六科封驳。平心而论，这种封驳，对于约束皇帝十分重要。

其次，万一皇帝出错，不能将错就错。当汉元帝知道错了之后，石显等人以维护皇帝名声为由，让其将错就错。即所谓“上新即位，未以德化闻于天下，而先验师傅，既下九卿大夫狱，宜因决免”。表面上这种将错就错的掩饰，可以保持皇帝的声望面子，实际上会在原来的错误上再加一层伤害，让原来的冤枉变成“铁案”。只有在一种情况下例外，即将错就错不会伤害任何一个当事人利益，能够实现帕累托改进。例如小说中的《乔太守乱点鸳鸯谱》就是如此，这种将错就错本质上是对原先错误的“负负得正”。除了这种情况外，将错就错只会放大错误效应。

再次，严防累错。错误并不可怕，怕的是错误积累。一旦以新的错误来掩饰旧的错误，就会产生链式反应的累积性破坏。防止累错的最简单也最有效的方法，是错要改在明处。如果汉元帝不是那么优柔寡断，发现了石显一伙的问题后自己及时纠错，就可切断错误累积链。正因为汉元帝由于操心自己的名声，从而使石显他们可以得寸进尺。第一次令萧望之下狱是元帝无知，第二次就是元帝有意。而这种有意，正是不敢明确纠错累积出来的。高管需要明白，发现错误后试图暗中改正，多数会不动声色地走向错误累积。因此，敢于亮明错误，是一种难得的高管品德。正如子贡所言：“君子之过也，如日月之食焉：过也，人皆见之；更也，人皆仰之。”而子夏所言：“小人之过也必文”，正好就是反证（《论语·子张》）。

最后，还要设法杜塞错源。从一开始就不出错当然最好，皇帝不能保证自己不出错，但要尽可能努力使自己少出错。从领导人的角度讲，杜塞错源需要多渠道获取信息，多维度思考问题，多方面衡量得失，尤其要学会在经验中提升，不在同一个地方跌倒两次。汉元帝本人缺乏经验而看不出犯错缘由，被石显一伙所利用，最终导致萧望之死于非命。如果是汉宣帝，就不可能发生这种错误。从宣帝左迁萧望之的处置中，可以看出他比元帝的高明之处。而元帝在上当后又重复上当，不能从经验中有效改进，验证了当年宣帝“乱我家者，太子也”的判断，这也许是古代帝制无法根治的弊端。

第六章　制度制定要“瞻前顾后”

26. 制度制定须与习惯配套：“铸刑鼎”的二重性

来自习惯的成文制度会行之有效，而与习惯相违的成文制度总会出现效用递减、流于形式、引发冲突等问题。

春秋时期，有两次公布成文法。一是郑国的子产，一是晋国的赵鞅，这就是历史上著名的“铸刑鼎”，即把法律规定铸到鼎上公之于众，改变此前的不成文状态，其性质就相当于今日发布法律文本，以利于民间掌握法律内容，便于遵守。对于这两次铸刑鼎，赞扬者有之，反对者有之。反对的阵营里包括孔子、叔向、史墨等人。当今的史学著作，多对铸刑鼎高度肯定，认为是代表了历史发展的方向，并抨击反对者保守落后，不谙历史大势。学术造诣深厚的瞿同祖先生，也在《中国法律与中国社会》中批评铸刑鼎以前的“秘密法律”，认为叔向他们是为了维护贵族的特权而反对刑律公开。

很早以前，笔者对此有一个直感的疑惑：反对铸刑鼎的这些人，个个都是重量级的贤达，其人品操守广受赞誉。如果铸刑鼎真是好事，为何反对者都是正人君子？任何事情，一旦公认的好人都不赞成，这件事情就需要画个问号。再看看子产对叔向的回应，声称自己考虑不了子孙后代的长远问题，铸刑鼎是“救世”之作，这种以“应急”为理由的回答明显底气不足。所以，反思铸刑鼎的得失利弊，澄清其中的疑点，对当今的制度建设不无裨益。现有著作在铸刑鼎问题上的争论，多带有时代的痕迹，例如说子产和赵鞅代表了新兴地主阶级，叔向和孔子代表了没落的奴隶主贵族，二者的争论是革新与保守的争论，是法治和人治的争论等等，学术上的深入讨论不多。跳出这种“政治正确”的框架，从行为管理的角度分析铸刑鼎的功过，对今日的管理学还是有一些意义的。

管理离不开制度建设，而制度建设势必会碰到古代铸刑鼎类似的问题。当今有许多管理者，看到自己理想中的“应然”与现实中的“实然”不符，总希望以制度规范来改造实然，使其走向应然状态。就像古代的子产和赵鞅，试图用出台一个新的制度来约束众人。然而，即便这种行为没有人反对，做个跟踪就不难发现，多数公之于众的成文制度，所收到的效果总会同原初的设想有一些距离；有些制度，可能短期效果明显，但长远考虑几乎无法逃脱效用衰减的厄运；还有些制度，可能用心良苦，但多数人却不领情，制度运行会陷入法不责众的困境；更值得警惕的是一些制度在实际操作中会事与愿违，走向反面。所以，仅仅赞扬铸刑鼎，无助于形成良好的制度体系，难以实现“善治”。

作为管理制度，首先要考虑的是成文法与习惯法的关系。孔子说“民可使由之，不可使知之”（《论语·泰伯》），从制度角度完全可以解释为对习惯法的推崇。习惯法的特征之一，就是守法行为来自习惯而不是来自制度条文，不知道法律也照样遵守法律。一个文盲，也可以很讲礼义，他所讲的礼义，并不是来自成文规定，而是来自生活实践中的经验感知和他所理解的习惯法准则。一个法盲，他违反的肯定是成文法，而不会是习惯法。孔子、叔向他们反对铸刑鼎，实际上正是出于成文法替代习惯法的担心。古人从经验层次上认识到“法令滋章，盗贼多有”，成文法永远不可能约束人们的一切行为。所以，民商法的基本原则就是“法无明文即自由”，把成文规定管不到的地方交给自由意志，而自由意志在社会中无处不受习惯法制约。管理中制定制度，如果仅仅着眼于成文制度而忽视习惯准则，那么这种成文制度会在实施中捉襟见肘。

从制度的遵守情况看，单一的成文法肯定会滋生出规避行为。法网愈密，漏洞愈多，合法规避愈频繁。叔向他们反对铸刑鼎的焦点，就是担心规避行为。“民知有辟，则不忌于上，并有争心，以征于书，而侥幸以成之，弗为可矣。”只有“闲之以义，纠之以政，行之以礼，守之以心，奉之以仁”，才能形成良风美俗（《左传》昭公六年）。没有习惯准则层次的积极培育，单一成文法会导致消极规避，引发机心，尚功利而忘道义。所以，成文制度必须寻求与习惯法的价值准则配套。

凡是成文制度同习惯准则不配套的地方，就会发生“法不责众”的制度失效。而一个制度如果多数人员多数情况都不愿遵守，意味着这个制度存在着背离习惯准则的问题。仅仅从维护制度效力的角度看，法不责众现象会使制度丧失权威性和可操作性。尤其是惩罚性制度，当多数人的行为都符合惩罚条件时，这个制度不是流于虚文，就是惹起众怒。即便是制度本意在于移风易俗，追求改变行为习惯，管理者也要认识到，这种变化只有发生在习惯法层面才可真正有效。移风易俗要靠诱导不靠强制，强制性改变习惯，一旦强制稍微松动或者削弱，旧有习惯就会迅速反弹。而要维持强制效果，只能不断加压，导致成文制度和习惯准则冲突的激化。

即使上述问题都不发生，成文制度都还会面临效应递减的问题。经验中常常可以看到，一个制度刚刚出台，雷厉风行，暴风骤雨；但随着时间的推移，雷声大雨点小，干打雷不下雨；再向后，连雷声也听不到了，制度成了摆设。哪怕是很好的制度，都逃脱不了这种效应递减的命运。人类不可能一劳永逸制定出永远有效的制度，为了保证制度效力，管理者只能间隔性地变革或者修订制度，陷入制度多变的周期循环。任何成文法都具有应急性而缺乏长远性，在制度化管理中必须辅之以时间考量，以保证制度效果的半衰期能够满足管理需要。

最后，谁来保证制度的正义？欧洲中世纪的神学家阿奎那曾经强调，只有“神法”才是正义的体现，“人法”有可能不正义。如果“人法”违背了公共福利和善性，就会带来不正义。而任何人对公共福利的感知都是局部的，对善性的追求都是有限的，所以，“人法”极易出现非正义，需要以“神法”

来校正“人法”，“顺从神而不是顺从人”。按照西方法学的自然法理论，人为法也要以自然法来确定其正当性和合理性。今天，人们可以不信神，但不能认为自己就是上帝。制度化管理的热衷者应该对此保持必要的警惕，防止制度迷信。

从上述方面看，孔子、叔向等人对铸刑鼎的批评不宜一概否定。在今天的管理中，我们并不排斥“刑鼎”，但是，要对“刑鼎”抱有谨慎的态度，重视成文法和习惯法的关系，使“刑鼎”之利真正得到呈现，而把“刑鼎”之害掌控在可接受的范围内。

27. 制度缺陷引发的悲剧：田丰之死

人的智力并不一定同组织层级相匹配。能不能容忍智商高于上司的下级，是区分中国传统官僚体制和现代科层体制的一把尺子。

一部《三国》，往往被人们看作教科书。据说，满洲八旗的悍将没学过什么兵法，打胜仗就靠《三国演义》，用小说作为智库，夺取了大明天下。

即便是教科书，也各有各的读法。例如，从袁绍的谋士田丰之死，不同的人就能读出不同的经验和教训。很多人往往拿袁绍的心胸狭小说事，这似乎有点隔靴搔痒。

田丰之死的过程缘由非常简单。《三国志·袁绍传》记载，官渡之战前，田丰恳谏袁绍不要出战，“绍怒甚，以为沮众，械系之。”袁绍兵败，杀了田丰。对于这样一个杰出的参谋人才，袁绍为什么要杀他？更重要的是，田丰自己预见到，如果袁绍在官渡胜利，自己错了，那还能活命；如果自己正确而袁绍失败，那就非死不可。这里面显然存在着某种逻辑，尽管这种逻辑上不了台面。

我们不可苛求古人，但不可不具现代眼光。如果用现代眼光来看，田丰之死，实际上是一种制度缺陷。在古代的那种制度体系下，谋士实际是很难当的。作为谋士，既要有超出领导人的智慧，又不能表现出胜过领导人的高明。这种制度的假设是组织层级的上层肯定要比下层强，如果没有超出下级的能耐，你将无法驾驭下级。所以，田丰表现出超过袁绍的见识，那就对不起，你的死期就到了。如果阴差阳错田丰预言不准，使袁绍能够奚落一下田丰的弱智，那将是袁绍表现大度的良机。田丰运气不好处就是战事的进展没有给袁绍留下展示自己能耐的余地。所以，这种体制，说好听一点是柏拉图的哲学王体制，说难听点就是一种武大郎开店体制。尽管哲学王和武大郎不可同日而语，但下属不能高过上级的道理是一样的。

如果仅仅把这种弊端归结为袁绍的个人素质问题，就容易使人看不到体制缺陷。袁绍的素质固然不足取，然而，就拿战胜了袁绍的曹操来说，如果拿肚量和人品说事，不过是五十步笑百步而已。人们常常说曹操的大度和容人，但是，仔细推敲一下就会发现，只有在曹操认为自己比他人高明的情况下，才能表现出大度。一旦发现别人比自己强，就会难以容忍。聪明人杨修，不正是因为聪明才招来杀身之祸么？当然，关于杨修的死因学术界有争论，但按照小说则毫无疑问是曹操不能容人。

对这种不能容人的制度缺陷，过去往往归之于个人品质。然而，如果仔细翻翻史书，不难发现，即便史上称道的明君，也必须比他的下属站得更高看得更远。容人云云，必须在上司具有绝对优势时才能表现出来。汉初刘邦能用三杰，是因为他表现出更高明的“将将”，所以对韩信的“将兵”能耐不妨一笑容之。如果他不能“将将”，那么，刘邦恐怕比袁绍更狭隘。曹操能哭郭嘉，从另一种含义上讲，是嘲笑他的部下没有他欣赏郭嘉的眼光。诸葛亮服侍刘备，也需要刘备表现出超越诸葛亮的识鉴。也就是说，制度允许下属提出上司考虑不周的疑问，但不允许下属在整体智能上高于上司。

对于袁绍式的不能容人，过去有一个流行的解释，就是“骄傲”。实际上，所谓骄傲是文不对题的。骄傲是个人修养不够，而这种体制下的不能容人是权力的专横。所以，田丰的悲剧不仅是修养问题，而且是制度问题。专横要纠正，就要“文死谏武死战”，培育魏徵海瑞；专横要保持，就要阿谀奉承，培育易牙竖刁。杨修的绝妙好辞和鸡肋之解，则会招致杀身之祸。即便是怀念郭嘉的曹操，杀起杨修来也毫不手软。

这个难题的出路，恐怕非现代科层组织莫属。古代的等级制是人的等级制，现代的等级制是组织的等级制。只有权威不属于个人而属于组织，才有可能使智力低于部下的领导人能正常发号施令，下属才会服从技术能力不如自己的上司。反过来，没有人格的平等，仅仅靠领导者的大度，这种软约束的后果往往是悲剧性的。

当然，领导人的修养、人品、胸怀，绝不是不重要，但这应当分开论述。田丰的悲剧对现代管理的警示就是：一个组织，在制度和机制设计上能否实现人员智能层次与组织等级层次的分离，是传统组织与现代组织的原则性区别。

28. 政策执行的分寸：评武则天禁屠

“执行政策不走样”绝不是死扣条文，而是认准条文背后的意图去活用政策，从而把政策效用发挥到极致。

武则天执政时期，在政策上多有变化。当她以咄咄逼人的方式架空唐高宗时，曾激起李唐宗室和元老贵族的对抗。为了登上女皇宝座，武则天重用酷吏，鼓励告密，大开杀戒，不乏铁血手段。但当她完成了以周代唐的“革命”，坐稳了帝座后，就要重塑自己的形象，体现政策宽大仁慈的一面。于是，这位女皇几次发布禁屠令，宣示自己的好生之德。但是，总有一些脑筋不灵光的人对政策的变化反应迟缓，于是出现了下面的故事。

武周如意元年，女皇发布了一道禁屠令，严厉到连捕鱼捉虾也一并禁绝。不巧的是，官任右拾遗的张德，喜得贵子，按捺不住自己的喜悦，违反禁令，杀羊庆贺，宴请同僚。客人中有位担任补阙的杜肃，看到同事公然违背禁屠令，便偷偷藏起一块宴席上的肉食作为证据，上表揭发张德。第二天，女皇在朝见官员中看到张德，对他说：“闻卿生男，甚喜。”张德赶忙拜谢。女皇脸一沉，问：“何从得肉?”张德张口结舌，叩头认罪。没想到，女皇脸色一转，又说：“朕禁屠宰，吉凶不预。然卿自今召客，亦须择人。”不但宣称张德无罪，而且调侃张德请人不当，还拿出杜肃的告密表章让他看。这一下子，杜肃闹了个里外不是人，“肃大惭，举朝欲唾其面。”（事见《资治通鉴》卷二〇五长寿元年五月）

这个不乏喜剧色彩的故事，包含着政策执行的奥秘。首先，执行政策需要弄清政策的意图或者宗旨。用今天的话来说，就是要吃透政策精神。如果政策执行仅仅是严格按照条文办事，那么执行就是简单的操作问题。从上层角度考虑，制定政策当然要考虑可操作性；但从基层考虑，如果只看条文而不管政策的指向和用意，即便严格按照条文办事，也难免会走偏。上文的杜肃之所以会告密，有多种因素在起作用。此前武则天倡导告密，而且也有不少告密者得到奖赏提拔的实例，使杜肃形成了思维定式；加之禁屠令规定得明明白白，张德违法是铁板钉钉，杜肃觉得自己告密会稳赚不赔。但他却没有想到，禁屠令的本质在于实现政策由峻急向宽厚、由严酷向仁慈的转变，而他的告密行为，恰恰同女皇的意图相反，碰钉子就在所难免。现实生活中凡是拍马屁却被马踢的现象，基本上都属于这种情况。即使不考虑个人得失，从管理的角度看，政策执行中不看政策意图只讲条文规定，往往会使政策效果南辕北辙。

其次，执行政策时当然应该死抠条文，但如何死抠却大有名堂，值得研究。有时政策制定者为了操作方便，会做出非常具体的规定。但无论多么具体，总会留有需要执行人自由裁量的余地。如何裁量，既不能违反条文，又要尽量考虑政策意图。如果仅仅是字面上的遵守而置政策意图于不顾，就很有可能适得其反。杜肃举报张德，所依仗的就是对禁屠条文的遵守，但他采取的密报方式以及希望女皇严加处理的倾向，却无疑会加剧女皇的严酷色彩，变相“黑”了女皇一把。如此死抠，越抠越会引起女皇反感。类似的情形在古代的政策执行和执法活动中十分常见。例如，汉唐至明清，各朝代的刑法都强调德主刑辅，慎刑重教，所以，凡是司法活动，只要没有特殊旨意，审判都首先要考虑有无赦免缘由，哪怕是死罪也要看看有无不杀之理。连皇帝勾决都要“三覆奏”。这种反复慎重，并非鼓励执法官员违反法条，而是要官员在自由裁量中充分达到法条与立法意图的一致性。

再次，有些政策本身存在问题，执行这样的政策有可能“逼良为娼”。人们一般把这种问题归咎于政策制定者，却往往忽视了执行中的补救。如意元年的禁屠令，就不是一个好政策。也许是武则天扭转自身形象的心情过于迫切，连鱼虾都禁，严重影响了民众生活。史载禁屠以后，“江淮旱，饥，民不得采鱼虾，饿死者甚重”。加上此前的滥杀无辜，使这一政策的矫情和虚伪暴露无遗。胡三省在注《通鉴》时就感慨地说：“后禁屠捕而杀人如刈草菅，可以人而不如物乎！”因此，这种政策在执行中，能不能尽量把政策的副作用降至低限，在不违背条文的前提下加以变通，体现着执行者的水平。娄师德、狄仁杰一类官员能够得到武则天的欣赏，就是因为他们在执行政策时能够想尽办法控制政策之恶，彰扬政策之善。当然，逼良为娼的政策，毛病的根子在制定者身上，然而，即便遇到了这种政策，执行者的做法也有回旋余地，而且政策越恶，执行者的补救作用越重要。

最后，还有政策的修改问题。右拾遗张德公然违反政策，武则天对其不予追究，这是他的运气，而不是他的行为正确。女皇一句“吉凶不预”，就把婚丧礼庆的杀生排除在禁屠的范围之外，这是立法者的特权，执行人是没有这个权力的。政策执行有一个基本要求，就是不能违反政策规定。但是，执行者可以通过效果反馈、进谏言说，甚至某些施压方式推动政策的修改。尽管武则天已经在禁屠的前一年就处死了酷吏周兴，但那是用来俊臣以“请君入瓮”的方式进行的，改变重用酷吏政策的迹象还不明显。经过禁屠事件后，不少官员致力于推动武则天调整政策。右补阙朱敬则指出：“太后本任威刑以禁异议，今既革命，众心已定，宜省刑尚宽。”侍御史周矩上疏请求“缓刑用仁”（《资治通鉴》长寿元年五月）。在四五年间，众多大臣上下活动，重新启用了善于平反冤狱的徐有功，处死了著名酷吏来俊臣，武周的政策转变最终成型。

政策执行的分寸有许多方面值得研究，如何使好政策执行出好效果，使坏政策压抑住坏苗头，都需要认真思考。总体上，政策执行要力求条文与精神的对接，切不可顾了法条忘了法理；死抠条文以彰显政策意图，而不是把条文看作僵死的教条；对有缺陷的政策需要在执行中辅以补救手段；而且应设法推动政策的修改。国家如此，企业也如此。希望“顶层设计”来解决所有难题，认为政策执行仅仅是不折不扣地按条条框框办理，这不过是下意识推卸执行责任。强调执行的重要性，并不排斥制定政策的重要性。一旦把二者对立起来，就会使政策陷入恶性循环。有一个前提是执行者不可忘记的，即任何政策都是有限理性的产物，都需要在执行中验证和扩展理性的成分。

29. 制度的善恶：宋仁宗之行事准则

制定制度是从善意出发还是从恶意出发，执行制度是为了行善还是为了作恶，制度规避是向善的通道还是变恶的陷阱，决定着社会的走势。

近些年来，伴随着对宋朝历史的再发掘，宋朝皇帝的面孔似乎要好看得多了，宋仁宗的开明形象就是一例。但是，这种对帝王开明的赞誉，往往会落入“仁宗恭俭仁恕，出于天性”（《宋史·仁宗纪》赞语）的老套，而忽略了制度本身的善恶问题。

人们对宋仁宗的赞扬，实际多同制度有关，这里列举三事。其一：某日早晨，仁宗告诉身边近臣说：“昨夜因不寐而甚饥，思食烧羊。”近臣反问：“何不降旨取索？”仁宗的回答是：“比闻禁中每有取索，外面遂以为例。诚恐自此逐夜宰杀以备非时供应，则岁月之久，害物多矣。岂可不忍一夕之馁，而启无穷之杀也。”其二：某日仁宗散步宫苑，一回到宫中，立即向嫔御要水喝：“渴甚，可速进热水。”嫔御一边供水一边问他：“大家何不外面取水而致久渴耶？”仁宗回答说：“吾屡顾不见镣子（盛水的银器）。苟问之，即有抵罪者，故忍渴而归。”其三：蜀地一秀才给太守献诗，其中有“把断剑门烧栈道，西川别是一乾坤”之句，太守赶快把此人抓起来上奏。仁宗断曰：“此乃老秀才急于仕宦而为之，不足治也。可授以司户参军。”（以上三事在《宋史》中都曾提及，引文细节见《宋稗类钞》卷一之十六、二十）

制度的善恶，首先来自人对制度的期许。仁宗半夜肚子饿了想吃点烤羊肉，怎么说也不过分。然而仁宗忍饿未索取，一个重要原因就在于他知道凡是皇帝有所索取，外面就会把这种索取常规化。一旦形成了成文的或习惯的“例”，那就得常态供应。仁宗担心的是由于偶尔索取演化出常规供例，从此以后不管皇帝吃不吃，天天晚上都有烤羊肉供应，这就为害大了。反过来，如果仁宗只是出于满足自己需求的期许，那就很有可能除了每晚供应烤羊肉外还可能再准备些海鲜随时换换口味。一个制度的出台，如果缺乏了这种善恶判断，或者在常识层次上善恶颠倒，制度的出发点就隐含了恶意。

有不少人强调，制度就是要防范作恶，因此就要假定人都是坏人。如果从这一逻辑出发，仁宗会毫不犹豫地制定出夜间供应烤羊肉的制度，为了防范烤羊肉供应过程中的徇私舞弊，还要配置全方位的监控体系，从采购羊肉到制作供应都要严格掌握，防止扰民，防止坑官。而仁宗并未作这样的假定。恰恰相反，他不是把别人都作为坏人加以提防，而是警惕自己的需求可能造成恶的源头，即制度的制定要从行善起步。

其次，执行制度的自由裁量至关重要。任何制度，都给执行者留有或大或小的自由裁量空间。仁宗在宫苑散步，按照相关制度，皇帝出行，所有应用物品都有随从供应规范，大到衣物伞扇，小到擦手毛巾，规定极为细密。仁宗散步时想喝水，但几次观察，没有看到供应热水的镣子，这就意味着随从伺候人员出了纰漏。而这时仁宗说一句要热水喝，马上就会启动问责机制，立即就会有忘记带镣子的人员被追责问罪。如何处理这种情况的主动权掌握在仁宗手里，他的办法是忍住口渴，放过有错失的侍从人员一马，从而使制度在执行中表达出善意。

相比之下，法家就不这样认为。《韩非子·二柄》称：韩昭侯醉酒而寝，管衣服的“典衣”没有动静，而管帽子的“典冠”担心韩昭侯着凉给他加盖上衣服。韩昭侯醒来后问明情况，以失职之罪杀了典衣，以越权之罪杀了典冠。单纯就职责条文来看，不能说韩昭侯的处置是完全错误的，然而其中却充满了恶意。法家赞赏的法治，最大的问题就是这种恶意的放大和扩散。

再次，制度要有合法规避通道。任何朝代，谋反都是重罪。蜀地秀才的诗句“把断剑门烧栈道，西川别是一乾坤”，以谋反罪判决满门抄斩都绰绰有余，最少也能判定他“心怀怨望”。当然，这不由蜀郡太守判决，而需要皇帝决断。对此，仁宗在“谋反大逆”与“心怀怨望”之间，选取了最轻微的一端。这种对死罪的合法规避，给制度之善留下了最终出路。即便是心怀怨望，也可轻可重，在罪与非罪之间。仁宗又从动机考量，强调其是“老秀才急于仕宦为之”，脱其罪责。由此层层规避，最终把一件谋反大案，定性为可以不受任何处罚的寻常牢骚。但是反过来，如果仁宗认定老秀才是谋反，而老秀才自我辩解说喝多了发发牢骚，那么，允许不允许老秀才的合法规避，就是检验仁宗善意或者恶意的尺度之一。

古代刑房老书吏的办事准则有一条“救生不救死”。死者已逝，所能争取者不过是尽可能给其家人补偿；而活者尚有一线生机，能救一命则积德无限。如果法治教育仅仅使人看到“救生不救死”的弊端，而不能看到对生命的尊重，那么，这种所谓法治教育，不过是恶的滥觞。看看古代的司法实践，不难发现，许多著名官员，面对死刑案件，少不了要反复多次追问：有没有不判死刑的理由？没有这样的追问，不是穷尽救济渠道，就可能是在制造丛林社会。

制度与人的关系是十分复杂的，但有一点非常清楚：任何制度，都要靠人来制定，也要靠人来执行。人有善恶，制度随之也就有了善恶。制度在形成之初起源于善意期许，制度在执行中具有偏向善意的自由裁量，制度本身包含有鼓励向善的合法规避通道，乃至能不断完善规避手段，这些都是制度为善的基本要素。社会究竟向哪个方向发展，在很大程度上取决于制度向哪个方向诱导。宋仁宗在历史上不算坏皇帝，但也问题不少。按照《宋史·仁宗纪》赞语的说法，他在位达42年之久，吏治并不算好，但朝野风气鄙视苛刻之官；刑法有所荒废，但决狱断案推崇宽厚平允之士；国家存在不少弊端，却没有动摇治国的根本；朝廷确实有得志小人，却无法改变向善的大势。后来的熙丰变法，则在根本上改变了制度的善恶走向。当人们进行制度的利弊分析时，北宋历史提醒人们，还应该进行制度的善恶分析。

30. 制度改革与组织文化的关系：粤海关改革成败谈

制度变革容易，而行为习惯转化相当艰难，如何能达成制度与文化之间的嵌合互动，是改革的真正难点。

雍正四年，在全国曾展开了一场轰轰烈烈的改革，即推行养廉银制度。清朝官员实行低俸制，一个知县的年俸不过45两，还包括办公费用在内，而知县要请一个师爷，起码也得上百两银子。所以，官员的俸禄根本不够。不过，有权就有钱，长期以来，明清有一个不成文的规矩，税收可以加征火耗，耗羡（火耗的结余）就变成了县太爷的小金库。那些不征税的上级官员眼馋县太爷的额外进项，这些手边有耗羡的官员去办事，又得给上级衙门送红包，称为规礼，以摆平关系。雍正决心大加整顿，名曰耗羡归公。具体做法是：把各地衙门在赋税征收中的火耗结余，统一上交国库，同时取消用这笔钱来送礼的“陋规”，再由朝廷制定统一标准，把这笔上交的银子以养廉银的形式发放给官员，专款专用。按道理，这是化私为公、做到官员收入规范化的好事，甚至可以从中总结出雍正改革实现清朝政府由传统组织向韦伯式科层组织转型的伟大意义。但是，事情远远不是那么简单。

在耗羡归公的大背景下，广东巡抚杨文乾顺势整顿粤海关的“规礼”，大刀阔斧推行改革。具体做法是：把洋商、行商、通译、买办与粤海关打交道的各种红包查明归类，核定每艘外洋船进出粤海关先后要送出红包 68 种，花费银子 1950 两。杨文乾下令，这笔钱在洋船入关时一笔交清，其后具体办事过程中严禁请客送礼，原来由衙门官员收受的各种红包一概废除，海关把收到的这每船 1950 两银子的入关附加费拿来，专款专用，分拨给下属官员作为办公经费和岗位津贴。

杨文乾的整顿，显然具有积极意义，而且完全符合雍正的新政方针。问题在于，这种规礼涉及诸多利益。没有了红包，衙门办起事来就不那么顺溜。在清朝，红包向来是官场运行的润滑剂，现在，海关突然没有了红包，运行起来就磕磕碰碰。例如，外船申报入关，海关就要给派一个引水员，引导该船进入内河。原来的做法是：引水一上船，马上就有一个红包递过来，引水干起活也就能处处为该船着想。现在，引水上船，红包没了。作为船主，原来送红包的银子已经打包全部交付海关总柜了，就理应得到同过去送出红包一样的对待。作为海关，原来红包收受的各种灰色收入虽然取消，但这笔钱实际上已经以办公经费和岗位津贴的方式下发了。作为引水员，原来上船就有的红包，现在没有了。尽管他的岗位津贴比前有所上调，但同过去每次引水都能收到红包相比差远了。于是，这股气就要撒在船主身上。你急于到码头做生意，对不起，我先下令让你的船抛锚等一阵子再说，你发脾气也没用，还不给你明讲是因为没给红包。船主当然可以到海关告状，说这位引水员故意刁难。但这样的投诉能不能解决问题只有天知道。对于海关来说，这种骤然增加的投诉、船主对海关管理造成的评价下降，会使主管上司觉得改革后的新体制还不如旧办法顺当。外船时间一长，会觉得这种摩擦延误造成的损失，还不如再偷偷给个红包划算。一个引水员的问题因为改革而变成这样，其他部门岗位又能好多少？总体来看，粤海关这一改革的效应是：外商叫苦，官员埋怨，吏胥怠工，处处不落好。

难道说，这一改革就没有积极作用？有。官方对这一改革的评价十分高。雍正自己就认为，这种改革“上不误公，下不累民，无偏多偏少之弊，无苛索横征之扰，实通权达变之善策”（《清朝文献通考》卷九十）。如果说雍正头脑发热欠考虑，那也有点冤枉。因为这一改革在提出时，十分仔细并认真考虑了各种情况。为了防止下面的官员借改革之机增加民间负担，雍正曾经多次发出指示，并严格设计了各种改革细节。推行这一改革的官员，由此得到皇帝的赏识或者重用，他们也是这种改革的受益者。就社会秩序和改革效果来看，一时也是好评如潮，章学诚曾说：“我宪皇帝澄清吏治，裁革陋规，整饬官方，惩治贪墨，实为千载一时。彼时居官，大法小廉，殆成风俗，贪冒之徒，莫不望风革面，时势然也。”（《文史通义·

古文十弊》）应该说，这种评价是有根据的，不算过分。

那么，这一改革的毛病出在哪儿？出在制度改革与组织文化的不配套上。从雍正的制度设计看，相当严密，本文的篇幅无法展开这种改革在具体制度上的各种细节，但有一点是肯定的，单纯从制度规定看，养廉银制度考虑之周全是前所未见的。然而，雍正把什么到考虑到了，唯独没有考虑到官场文化，尤其是没有考虑到无意识层次的行为习惯。红包问题，是长期以来官场运作习惯形成的，以硬性规定取缔它，必须辅之以“移风易俗”的文化变动才能奏效。没有行为习惯的改变，靠政权强力给自然演化形成的习惯打进一个变革楔子，会带来行为上的高度不和谐，有如以庄严的进行曲腔调领唱民间的酸曲情歌，上上下下都听着不是味。

难道不能把那些唱惯了酸曲小调的民歌手改变过来，让他们改唱进行曲？可以，但这必须伴之以潜移默化的日常训练。许多人只是看到制度变化快刀斩乱麻的爽利，而看不到斩断的麻絮会逐渐缠绕而变成一团新的乱麻。雍正当年取消红包的改革，不久便出现了新的红包。而且这种新的红包可能因为没有章法的隐秘性质，比起过去那种尽管上不得台面却人人心知肚明的规礼更糟糕。后来碰上个以节俭出名的道光皇帝，看到官员在拿了养廉银后又故态复萌收红包，便要求官员把养廉银给国家捐献一点，摊派一点，财政一紧张再打一点折发放，使官场又回到老路上，而且比以前问题更多。

近代以来，中国人一直在谋求快速变革。先学西方“船坚炮利”，发现制度不配套；再学西方维新变法，发现文化不配套；然后又号召改造国民性建设新文化，发现经济基础和制度体系又不配套。这种变革之路走下来，始终未能形成经济、制度、文化之间的有机嵌合。我们不妨换一个角度来考虑这一问题：一个制度，哪怕看起来再好，如果不能促成良风美俗，这个制度从根子上就有偏差；经济的发展如果与风俗的改善相脱节。很有可能是制度使其然。从制度与文化之间的良性包容和互动关系入手来考虑改革，或许能对社会的和谐发展有所裨益。

附：雍正时的粤海关三任监督杂记

按照时间顺序，雍正年间首先登场的粤海关监督，是广东巡抚年希尧。年希尧出身雍正的私家包衣，他的弟弟就是大名鼎鼎的年羹尧，所以，虽然他官声不好，但也能依仗朝中靠山混个好日子，只是便宜了他那些长随家人以及衙门里的书办胥役，腰包从此鼓了许多。从年希尧的例子来看，朝中有人好做官，一点不假。当然，从雍正三年年羹尧被治死罪后，年希尧的糊涂官也就做不下去了。此为题外话。

接替年希尧的，是有名的干员杨文乾。杨文乾原来是名臣田文镜的手下，当过按察使和布政使，熟悉钱粮刑名，由河南藩司升任广东巡抚。能在田文镜手下得到干员声誉，肯定得有两刷子。果然，杨文乾不负圣恩，快刀斩乱麻，把从设立以来就有点乌烟瘴气的粤海关整顿得有声有色。粤海关的规矩，大都是杨文乾建立起来的。比如，他建立了洋货行“行头”为外洋船税收责任和行为责任担保的保商制度。后来在中外贸易中具有特殊作用的“十三行”，就是从杨文乾的行头保商制度逐渐发展而来的。更重要的，是杨文乾在“耗羡归公”的大背景下，对外洋船来华贸易中名目众多的陋规（红包）进行清理，整顿小金库，推行津贴制。雍正五年，杨文乾被福建巡抚常赉参奏，称其在粤海关乱收费及收受贿赂等共计三十多万两银子。雍正除严词告诫杨文乾令其愧悔痛改外，下令调杨文乾到福建查处亏空，而令常赉接任广东巡抚。不到一年（雍正六年），杨文乾又杀回广东，重新接任广东巡抚兼粤海关监督，时间不长死于任上。

接替杨文乾的粤海关正堂，是曾经当过贵州、广西巡抚的祖秉圭。这位仁兄仗着汉军镶黄旗包衣出身，起初做官实在不得法，在贵州任上就因为不懂事理胡说八道而激起苗变，被老将杨天纵参掉了顶戴。这次好不容易得到粤海关的位置，他拿定了主意，不出新招，不多说话，疏通门路，八方买好。有道是萧规曹随，现在他杨规祖随。反正得罪人的事都让杨文乾干完了，自己只管闷声发大财，只要不忘记把那些精巧稀罕的西洋礼物源源不断地送到北京，就万事大吉。于是，红包取消后礼品兴起，在西洋大班的记载中，祖秉圭和蔼可亲，通情达理。这不禁使人想起乾隆时英国来华的马戛尔尼使团，在其随从斯当东的笔记里，对接待大员和珅赞不绝口。祖秉圭的经历，只能说是照虎画猫好做官。当然，祖秉圭最后也倒台了，但他倒台的原因，却是货真价实的贪污腐败。行商之间的争斗，牵连出了祖秉圭的问题。这显然不是祖秉圭的官做得不好。

年希尧的倒台与其说是因不称职，不如说是受其弟的牵连。杨文乾推进改革，却遭到福建官员的贪贿弹劾；雍正没查杨文乾的问题，却调他到福建清查亏空；杨文乾的改革取消了红包，后任却兴起不送红包送西洋稀罕物件之风。事事件件，都充分反映了其中管理的奥妙。

31. 双赢的制度设计：廉范的“禁火令”

任何单位，一旦有“干的不如看的”，那就得考虑，是不是管理的制度中禁止性规定过多而激励性规定缺失？

东汉的蜀郡太守廉范，为官、做人、交友都十分出色，在《后汉书》本传中有精彩的记载。在他担任蜀郡太守时，曾对前任的防火制度进行了更改，收到了很好的效果。

蜀郡的治所成都，从战国时就是全国知名城市，在历史上有天府之国的称誉，物产丰富，尤其是手工业特别发达。流传至今的蜀锦和蜀绣织造工艺，就是在这一时期形成的。廉范任职时，家家机杼声不断，经常夜间加工。但是，成都的民居过于密集，古代的建筑极易着火，夜间加工因照明用火往往出事，一烧就是一片。为了防范火灾，廉范的前任规定，严禁夜间开工。表面看来，这一举措并无不当。但是，让老百姓放着挣钱的门路去睡觉，这个制度执行起来就不顺利。由于官府严禁，老百姓就变着花样规避。为了不让巡夜人发现，堵窗户，做牛皮灯笼，什么方子都能想出来。结果是民众的聪明用在防范官府上，各种遮蔽灯光的手段，反而导致更容易失火，三天两头火灾不断，“严打”也无济于事。

对此，廉范上任以后，只是做了一点小小变更，他顺应民情，不再禁止夜间开工，而是要求每家每户都要有足够的储水工具并盛满水。这样一来，老百姓不再提心吊胆偷偷摸摸，火灾反而减少了许多。即使不小心烧着了一点，足够的储水也能迅速扑救。就这点小变化，使民众得到了实惠，成都开始流传赞扬他的民谣：“廉叔度（廉范字叔度），来何暮？不禁火，民安作。平生无襦今五绔。”意思是：廉长官啊，你来得怎么这么迟啊？废除禁火令，百姓不再提心吊胆了，一辈子没有体面衣服的平民，今天有了五条长裤。

这件事虽然不大，却反映出了两种管理观念。前任的防火措施，谁也不能说他不对。但这种禁止式的管制是建立在对抗性思维基础上的。因为夜间开工而失火，我就禁止夜间开工。而断了老百姓的财路，这制度执行起来就大有问题。廉范的做法，实际上是把思路调整为合作性思维，把官府对老百姓的防范性措施变为鼓励老百姓配合官府的建设性措施，不限制甚至鼓励民众晚上开工，上下合作解决夜间防火问题，最后的结果是双方得利。

任何管理制度中，禁止都是必要的，然而其作用是有限的。如果领导只会“禁止”，那么，什么也不干的部下最好。管理是要追求做事，而不是不做事。多年前，笔者曾经在一个人事部门看到墙上悬挂的“八不准”之类规定，就问那里的负责人：假如这些“不准”都做到了，是不是就算好干部？如果这样，换个雕像坐在这里，岂不是任何规定都不会违犯？如果一个工厂只规定不准迟到，而不规定干活的指标，那么，事情很简单，我按时到没问题，不干活谁也没辙。篮球比赛中，假如只规定犯规处罚，而没有进球得分的激励，那么，即使球员全部是乔丹和姚明，这比赛也没看头。所以，任何单位，一旦有“干的不如看的”，那就得考虑，是不是管理的制度中禁止性规定过多而激励性规定缺失？

当然，禁止性规定不能没有。究其实质，禁止性规定是保障管理秩序的，只要秩序在可“容忍”的范围内，禁止性规定越少越好。如果抬头可见全是禁止性规定，在同当事人利益无关的情况下，实际就是鼓励不干活；在同当事人利益相关的情况下，肯定会导致想方设法规避甚至违反制度。在现实管理中，禁止性制度和激励性制度到底各占多大比例合适，并没有一定之规，但有一点是需要切记的，即作为管理者设计制度的出发点，要把握住这样一个原则：禁止性规定是不得不为的管理手段，而激励性规定是必须要有的管理手段。这一原则，也就是行为科学理论中强调的“正强化优先”。

第七章　避免制度落地的偏差

32. 警惕制度偏离初衷：增秩留任的演变

任何制度，都会在执行过程中，随着利益相关者的博弈而出现异化。所以，制度的效用，不是取决于制定者的初衷，而是取决于制度所调整的利益均衡程度。

中国古代有一个制度，叫增秩留任。具体办法是，一个地方官如果特别得民心，任满离开时，当地老百姓竭力挽留，可以提升级别（古代叫品秩），仍留原任。据说，这个制度的起源是唐代的“脱靴遗爱”。当时有一位名叫崔戎的人担任华州刺史，政声颇好，离任时百姓挽留。崔戎骑在马上，还有人抱着腿不撒手。“将行，州人恋惜遮道，至有解靴断镫者。”（《旧唐书·崔戎传》）结果就把崔戎的靴子扒拉下来了，拿回去供起来，作为纪念。到了明代，为了让真心为百姓办事的地方官能够充分发挥作用，就建立了考满（到了任期经过考核叫考满）后增秩留任的制度。据《明史·郭琎传》记载，其制始自仁宣之时。“时外官九年考满，部民走阙下乞留，辄增秩复任。”从正统至嘉靖，史书中不乏这种留任的记录。如松江知府赵豫考满，民众五千人列状乞留，命增二秩还任。吉安知府陈本深考满，部民乞留，诏予三品俸留任。常州知州莫愚考满，郡民乞留，进二阶留任。嘉靖五年，还为此做过专门的实施规定。当今的官员管理中，也有了提高级别留任原地的“厅局级县委书记”，算是“古风犹存”吧。

增秩留任的出发点十分好，有利于勤政爱民的官员继续做好事。但是，任何制度，实施效果总不像设计者想象得那么完善。任职期满后增秩留任，显然反映着官员的名声和政绩。于是就变成了官员的努力方向。官声不那么好的，老百姓不主动挽留，就想法子变着花样“争取”老百姓挽留。做工作的，制造舆论的，专门安排人冒充民意的，不一而足。这样，那些官员扒拉下来的靴子，难免就有了水分。所以，明代后期，这种制度已经异化，官方不得不对这种制度增加了审核监控程序，以保证留任的官员名副其实。然而，林子大了，什么鸟都有，官场上好鸟是珍稀品种。审核也有可能走过场，甚至有可能颠倒黑白。因为审核的官员，在那些廉洁奉公的人身上得不到好处，而徇私舞弊则能从中得利。一个本来是鼓励清官廉吏的制度，变成了借机生事敛财的制度。结果，审核监控制度也被异化了。继续执行这一制度，弊多利少。于是，到了清朝，就彻底废止了增秩留任制度。只是地方官离任时脱靴子，变成了一个形式上的惯例。

即使这个脱靴子的惯例，依然在继续异化。本来，离任时留下靴子是百姓对官员的一种思念，现在，却变成了官员自己的面子所在。于是，到了清朝，地方官无论清浊，不管廉贪，统统在离任前都要演出一场“脱靴戏”。这种脱靴有真心的，也有假意的。比如，康熙二十五年的上海知县史彩，离任时百姓真心送别，脱去靴子达 40 馀只。然而也有装模作样的，如清代小说《醒世姻缘传》第 17 回《病疟汉心虚见鬼，黩货吏褫职还乡》中，写了一个任职三年、赃私十万的贪官，罢职时也搞“脱靴遗爱”的把戏，书中以打油诗讽刺道：“世情真好笑呵呵，三载赃私十万多。喜得西台参劾去，临行也脱一双靴！”到此，这种惯例式制度也已经发生了异化。

从政如此，经营企业的道理也同样如此。我们有不少制度，在制订的时候往往对它充满了希望，但是在执行中，经常会偏离初衷。比如，奖金的发放，初衷是调动积极性，但到后来，积极性没调动起来多少，嫉妒、红眼、不平衡心态等却统统调动了出来，导致领导人在发奖金时首先考虑如何“摆平关系”，只要不引发矛盾就谢天谢地。质量检验制度，本意是为了提高产品和服务质量，但执行中，常常是把本来应该关注的质量放在脑后，而把功夫放在了如何对付质检部门上，加三聚氰胺变成提高奶粉蛋白含量的法宝。高校评职称，本来评价的是学术水平，但实际操作中或多或少都异化为“评待遇”。这种现象已经过于普遍，普遍到了管理者熟视无睹、司空见惯的地步。而一旦制度发生了这种异化，就别指望它能收到预期效果。

制度异化的根本原因，在于相关利益对制度内涵的矫正。无论是经济学还是管理学，离开了利益分析就会变成无本之木。任何制度，在实施中都会由当事人自觉不自觉地进行符合自身利益最大化的修正。假定制度本身是公正的，那么，所谓坚守制度，实际上是在不损害他人利益的前提下追求自身利益；所谓破坏制度，实际上就是以损害他人利益为代价来追求自身利益。一旦某个制度使所有利益相关人都无利可图，那么，这个制度肯定只是一纸虚文。而一旦所有利益相关人都能从中获利，即使没有成文制度也会很快在实践中诞生出不成文制度来。如美国的禁酒法，在这样一个法治国家里，禁酒法却得不到有效实施。美国佬最初以为是法律的地位不高，权威不够，于是把禁酒法上升到宪法修正案的高度，结果，对法律十分尊崇的美国人依然对禁酒法执行不力。原因无它，就是除了私酒贩子，无论是公民还是政府都没有在禁酒中获得利益，所以谁也不把它当回事。

对此，管理者在制定制度时，必须考虑到相关利益人的博弈会对制度的实施带来什么效果。否则，无论怎样强调执行力，强调增大执行力度，都有可能是白费气力。而当某个制度一旦异化到了与制定它的初衷完全背离的时候，就需要适时改革。

33. 杜绝政策投机：张骞通西域后的连锁反应

任何政策，一旦会滋长当事人的侥幸心理，就不是好政策。如果不得已要使用这种政策，也只能应急式偶然使用。

张骞通西域，是西汉的一件大事，而且对后代也有着深远影响。但从管理学角度看，张骞出使西域后的某些政策举措，是有副作用的。人们往往看到了张骞的成就，而忽略了随后的管理失误。

因为通西域的艰苦卓绝，所以，西汉王朝封张骞为博望侯。在当时，封侯是许多人奋斗一生的终极愿望。一次出使成功就能赢得终身富贵而且还可以荫及子孙，导致当时出现了一种争相出使绝域的风气。按照《史记·大宛列传》《汉书·张骞传》等相关记载，张骞之后，有不少人踊跃报名当使者。当时“出国”同现在相反，路途艰险，生死未卜。汉武帝体谅这种难处，所以规定不看资历，不论身份，谁愿意出使都可以授权，以图扩展汉朝在周边国家的影响。

按理说，汉武帝的用意确实不错，也起到了显著的激励作用。但是，实施中却产生了许多负面效应。一是使者良莠不齐，“妄言无行之徒皆争效之”，有不少使者不但没有大国风范，反而在对外交往中暴露出人品低下的各种问题。二是政出多头，一批又一批使者西出阳关，甚至一个小国也来了多起汉使，前后说法不一，轻重失衡，“汉使言于外国，人人轻重不实”，不但没能弘扬国威，反而使这些边远小国对汉朝的政策产生疑虑。三是助长投机心理，一次出使成功就能获得自己想要的一切，风险虽大却收获极丰，诱导着更多的人来“赌一把”。四是汉使之间内耗，当外国对多起汉使心怀疑虑时，汉使就互相攻击，得罪了当地官民后，“堤外损失堤内补”，在另外的汉使身上捞一把，遭到外邦围困，断绝供给，就会抢夺其他汉使。

这些毛病的出现，不能责怪张骞本人，只能说是由于张骞的成功引发的朝廷政策失误，值得当今管理中制定政策和实施政策作为镜戒。有些经理，对于难度较大的工作，信奉“重赏之下必有勇夫”的准则，降低用人标准，加大激励力度。这样做的结果，往往能够收到短期效应，但是，赏出来的勇夫，一旦离开了“赏”，就再没有任何其他刺激和控制手段。所以，这种人对事业是没有追求的，他们追求的只是悬在事业上面的那根胡萝卜。久而久之，只会导致事业团队素质的整体下降，甚至一旦有更好的外部赏赐时会毫不犹豫地背叛。张骞式的成功和苏武式忠贞是特例，而名不见史载的大量失败使者和投靠外邦却是常态。我们有不少单位，其引进人才和鼓励创新的政策，多多少少都有这种倾向。比如，大学引进了某些有成就的海归，因为他们的成就而在政策上迁就，破坏了学校的生态平衡。企业重奖了某个机缘巧合做出特殊绩效的员工，却不得不防着这个员工时时有可能跳槽的风险。

更重要的是，赌博式的政策导向，在当事人赢了后会助长赌习，在当事人输了后会刺激翻本。这只会引诱员工走捷径、重机巧。某种激励措施，一旦使规规矩矩付出更多辛劳的员工感到憋气，人人都认为赌一把比埋头苦干更有奔头，这个政策的作用就大可质疑。尤其是同一件事，决不可采用多人负责的“竞争”方法。这种多人负责，有人美其名曰“把竞争机制引进内部”，良性竞争当然是好事，然而在现实中更常见的是引进内部的竞争机制会带来员工之间的不正当竞争，即便不会自相残杀，你死我活，也会出现以邻为壑、互相设置障碍等现象。为了防止竞争对手领先，下套挖坑成为生存常态。当某种政策产生了这些效应，就有必要进行重新审视，及时调整，否则就会积重难返，在取得临时效果的同时给将来撒下失败的种子。

实际上，重赏之下的勇夫，本身就是投机心态的产物。只有平时训练出来的勇夫，才能在任何情况下都会表现出勇敢。政策上的投机效应，本身就是经营思想上欲图投机的表现。要想事业有长远前途，就得在政策上杜绝投机。

34. 硬指标和软指标的冲突：九品中正制的管理弊端

单一的软指标无法操作，而单一的硬指标可能会背离初衷。在硬指标和软指标的关系上，有太多的问题需要管理者认真琢磨。

管理活动中，免不了要同各种指标打交道。但是，这些指标真的那么有效吗？

各式各样的指标，归根究底无非可以分为两大类——软指标和硬指标。这两类指标的区分标准，在于硬指标可以定量，而软指标只能定性。在定量和定性的关系上，常常存在着隐含的冲突，即目的和手段的冲突，从更深层次看，其实质是工具理性和价值理性的冲突。

魏晋南北朝时期，曾经实行过一种选拔官吏的“九品中正制”，由曹魏的吏部尚书陈群所创，一直到隋代才被废除。所谓九品中正制，就是在州郡设立专门品评人才的中正一职，“择州郡之贤有识鉴者为之，区别人物，第其高下”（《通典·选举二》）。中正按照家世和行状品评本州本郡士人。家世即祖辈资历、门户名望；行状即言行表现、道德品质、才干能力。中正综合家世和行状把士人分为九等，以备选用。

这一制度中，就包含着硬指标和软指标的冲突。在“硬”的一面，强调门第背景；在“软”的一面，主张“唯才是举”。之所以要有“硬”的操作性设计，目的是为了实现“唯才是举”。否则，只是在定性意义上强调“唯才是举”而缺乏客观标准，肯定会导致“说你行你就行不行也行，说你不行你就不行行也不行”。由此可见，硬指标在一定意义上是必需的。

但是，指标的软硬程度不一样，执行起来效果就不一样。家世是硬的，不服气不行，而言行是软的，可以众说纷纭。从实际执行的效果来看，九品中正制的两大标准并行，很快就变成了单纯以家世选人，不管言行表现，造成了“上品无寒门，下品无势族”的门阀政治，被时人批评为“立中正不考人才行业，空辨氏姓高下”（《魏书·崔亮传》）。甚至那些著名世家从儿童起就垄断了官位，“崔卢王谢子弟，生发未燥，已拜列侯，身未离襁褓，业被冠戴”（屠隆：《鸿苞节录》）。正应了俗言“龙生龙，凤生凤，老鼠生儿打地洞”。九品中正制偏向硬指标的结果，是纨绔子弟也变成了旷世奇才。

有人认为，九品中正制的弊端，是因为中正一职被世家大族所把持。也就是说，不是制度本身有问题，而是执行制度的人有问题。这种说法经不起推敲。从管理学角度看，一旦存在着“硬指标”和“软指标”的冲突，执行中的天平肯定是向“硬指标”倾斜。比如，当代在选拔干部中曾经奉行过“有成分论不唯成份论，重在表现”的政策，看起来很全面，似乎无可指责，而且特别强调个人表现位于家庭成分之上，但经历过极左岁月的人都知道，“有成分论不唯成份论”的实施结果是堂而皇之的“血统论”，完全按照阶级成分把公民区分为“红六类”和“黑五类”，并造成了特殊的“可教育好子女”群体。

有管理经验的老总，多数对这种强调硬指标的管理持有保留态度，因为硬指标往往会把管理者带入某种陷阱。在现实中，常常会发生这样的事情——你费尽气力达到了当初设计的指标，而实际效果却距离原来的设想差一大截，甚至有时还会南辕北辙。比如，警察为了改善社会治安，拟定出破案指标，结果在实际操作中不但未能实现社会治安的好转，反而增加了刑讯逼供。企业为了实现利润，给员工规定出必须完成的硬性指标，结果在实际操作中有可能完成了生产指标却未能实现利润，或者实现了利润指标却骂声四起。这种指标陷阱，就是来自于指标体系的“软”“硬”冲突。这就好像九品中正制的制度本意是要唯才是举，而实施结果却是选出了一批纨绔子弟。

一般情况下，定性指标是对经营活动的价值取向定位。通过定性指标，可以表达出企业的使命，设定经营的目的。而定量指标则是对实现企业使命、达到经营目的的手段设定。通过定量指标，可以使企业使命变为能够操作的具体措施。因而，从本质上来说，定量指标必须在实现定性指标的前提下才有意义。如果背离了定性指标，定量就失去其价值所在。

但是，在实际工作中，存在着一个不可解决的难题，即定性指标缺乏可操作性的问题。任何定性指标，不管说得多么冠冕堂皇，一旦没有可操作性支撑，只能是一纸空文，充其量只能作为鼓舞人心的口号。所以，没有定量化的衡量尺度，定性指标会难以实现。如果只有定性没有定量，定性指标就失去其实现的路径。

因此，仅仅有软指标，无法保证其落到实处；仅仅有硬指标，则无法保证其价值取向。而硬指标和软指标并列，试图让二者相得益彰，实际操作的结果却会导致出类似于九品中正制的情况——抓住了硬指标，背离了软指标。这是因为，作为管理人员，在指标的软硬冲突之间，肯定会趋向于选取硬性指标。从实际操作的角度看，硬化程度越高的指标越容易执行。从管理者的角度看，硬性指标不但具有明晰、可靠等特点，而且可以减少争议，实现形式上的公平。从被管理者角度看，硬性指标一目了然，不易作弊，无需揣测，实施方便。从理性选择意义上看，实际管理活动中人们肯定会向硬性指标靠拢。即使这种硬指标存在一定缺陷（例如，在设计之初就已经同软指标有所背离，或者在实施中产生了轻微地否定软指标倾向），人们一般也会容忍。只有到了这种硬指标明显阻碍甚至破坏了软指标的实现，产生了严重弊端时，人们才会提出质疑，加以修正。如果有兴趣，不妨对当代的标准化考试、管理中的量化测评加以分析，恐怕都难以跳出软硬指标冲突的窠臼。

管理者重视指标的作用，而且优先考虑硬指标，从理性选择的角度看是无可非议的。从哲学意义上讲，就是在工具理性和价值理性之间，工具理性具有优先性。韦伯的科层官僚组织理论，正是因为突出了工具理性而奠定了他的学术地位。但是，作为管理者，时刻要牢记，工具理性是为价值理性服务的。离开了价值理性，工具理性就什么也不是。这一点，正是韦伯式科层官僚制遭到学界诟病的症结所在。实际上，韦伯自己也曾对这种强调工具理性的弊端深深感到忧虑。当代管理学家德鲁克，在他的管理学论述中特别强调软指标，即企业的使命和目的。在一定程度上，德鲁克试图把软硬指标有机结合为一体。在由他倡导的目标管理中，他特别强调目标总汇。所谓目标总汇，其实质意义就在于使具体的硬指标必须服从抽象的软指标，而抽象的软指标必须分解为具体可操作的硬指标，在目标的上下协调中，尽可能减少指标体系的软硬冲突。归纳起来，就是价值理性通过工具理性得以实现，而工具理性必须受价值理性的约束。从这一意义上看，在现实管理活动中，对硬指标过于热衷以至于忘记软指标，或者对硬指标的弊端深恶痛绝而必欲除之而后快，都是不足取的。现实中关于管理指标软硬问题的讨论，往往执其一端。如果能够从软硬指标的统一性角度来考虑，则有助于解决一些现实中的突出问题。

即便软指标和硬指标不冲突，可以相得益彰，作为管理者也要认识到：硬指标多数是淘汰性的，只能把不合格的挡在门外；而软指标基本是创造性的，可以推动事业的真正发展。比如，一个工厂严格执行国家标准，这是硬指标，但只能生产出“合格”的产品而不能生产出“精美”的产品。而一个手工艺人根本没有什么国家标准，但他可能竭尽心力制造出精美绝伦的工艺品来。因此，管理中如果倾向于硬指标，也会有成就，但不过是短平快的成就而已。而倾向于软指标，有可能会创造出奇迹，如中国古代的某些巧夺天工的工艺技术，然而不可能形成成本核算概念，更不可能提高效率。

35. 如何对待管理中的“顺便”：唐朝使者能不能买马

管理活动具有可间断性，一旦顺便穿插进新的任务，那这新任务肯定更重要。经理应当明白，要求部下顺便做的事，多半会凌驾于正事之上。

在现实生活中，经常有这样的事：领导人布置完某项工作，然后又“顺便”给部下交代了一件事情；开会讲完了要讲的正题，然后又“顺便”说了些另外的信息；研究某项工作，穿插着“顺便”把另一项工作也研究一下；要求完了公事，“顺便”加上一件私事。如此等等。这种“顺便”，在管理中到底应该怎样处理？

《资治通鉴》卷一九六记载：唐太宗李世民有一次派朝廷大员张大师持节出使，正式任务是册封西突厥沙钵罗叶护可汗。交代完正事，李世民下令，让使者顺便买一批好马。论情论理，这个附加任务不算过分。马匹事关唐朝国防，重要性不比出使突厥低。古代交通不便，另外派员买马费时费力，捎带办理能够大大节约成本。人们一般会认为，这种顺便办事合情合理。然而，善于挑刺的魏徵揪住这件事，把李世民指责了一通。

魏徵的观点是，朝廷出使是非常庄重的政治行为，所以不能让使者顺便当采购员。如果使者这样做了，那么，西突厥的首领就会另有看法。尽管朝廷对这次册封是很重视的，然而，使者一旦不是专职而捎带干点别的，突厥人就很可能误解。严重一点，突厥首领会认为，唐朝的使者来册封是捎带，真正的意图是来买马。一旦出现这种误解，就会导致这次册封失去应有的意义。即：“可汗位未定而先市马，彼必以为陛下志在市马，以立可汗为名耳。使可汗得立，荷德必浅；若不得立，为怨实深。诸国闻之，亦轻中国。”李世民接受了魏徵的意见。

古今一理，管理中经常会碰到上司要求下属顺便干点什么的情况。如果归纳一下，这种顺便干的事情往往五花八门。有公有私，有的同本来的任务有关联，有的则八竿子打不着。通常，管理者会觉得顺便干私事不大合适，但顺便干另一件公事似乎十分正常。再进一步，顺便做不相干的事可能会妨碍正事，而顺便做与正事密切相关的事则天经地义。显然，抱着这种认识的领导人，可能还没有发现“顺便”能带来什么问题。

顺便干私事，人们能够比较清楚地看到它的危害，不在本文讨论之列。顺便干公事有没有危害呢？有。这种顺便所产生的实际效应，就是往往会喧宾夺主，把正事变成捎带，把捎带变成正事。一旦发生这种现象，原来布置的正事就会大打折扣。所以，管理者在工作中，除非有特殊原因，一般不要“顺便”。除非是你要求部下顺便干的工作，比正式布置的工作更重要更急迫。假如你认为顺便干的事情是小事一桩或者迟些做也问题不大，那最好不要提出这种顺便要求。

可能有人会有疑问，凭什么一定要说顺便的事情会喧宾夺主？对此，明茨伯格在《管理工作的本质》中有相应分析。管理工作与其他工作不同的一个显著特点就是应急性和间断性。医生做手术不可能中途停下来干别的，法官审案件也不可能中间穿插其他事，但管理工作不然，经常中断会议、调整安排、变化行程。之所以这样，是因为管理者需要捕捉最新的信息，保持敏锐的目光，一旦有新的情况要当机立断。这样，就使得管理工作往往是穿插进行的。而后面穿插进来的事情，通常要比前面按部就班的事情更重要更急迫。

“顺便”就是一种工作的穿插。由于管理上的习惯因素，部下会对上级穿插进来的事情更重视。这样，即便是领导人主观上不大看重要求部下顺便做的事，认为不过是捎带，但是，如果没有特别说明，部下却有极大可能认为你顺便交代的事才是真正重要的事。于是，部下把顺便要做的事抓住了，而前面交代的正事却有可能敷衍甚至放弃。这种顺便交代时，领导人一般会相信部下对不同事务重要性的判断能力，往往不加特别说明，这又会增加误解的概率。即使顺便做的事完全合理正当，也会导致执行人频繁转换方向而影响正常工作秩序。

对此，作为管理者，自己要高度保持对新信息的敏感性，但又要做到不至于因为新信息的不断冲击而给部下增加顺便式任务。万一必须用“顺便”的方式，也需要给部下把主次轻重交代清楚，以防范上下之间产生理解上的差异。尤其要严格提防在公事之余“顺便”办点私事，那几乎肯定会导致私事压倒公事。

36. 制度的隐含目的：武科举为何成了摆设

任何制度，都具有多重作用。如果只注意制度的显性作用而不注意制度的隐性作用，效仿或者移植这种制度就会变成摆设。

从隋唐创立科举制开始，除了文科举，还有武科举。最起码在武则天时期，就有了武科举的明确记载。当时的统治者，受文科举的启发，曾试图用考试方式选拔军事人才。历史上的武举，包括长垛、马射、步射、平射、筒射等考试种类，还要测验跷关、负重、身材等相关项目。到了宋代，几次反复，又增加了书面考试，由考儒家经典而最终演变为测试《武经七书》，笔试和现场测验相结合，武举终于定制。

武举基本上是仿照文举办法，考试科目和内容也能够结合军队实际，“先阅其骑射而试之，以策为去留，弓马为高下。”（《宋史·选举志》）步射以九斗到一石三斗之弓力，马射以六斗至八斗之弓力，看是否能射中靶子；跷关负重用现在的话说就是举重和耐力测验；另外再加上兵书和韬略，军事理论也有了。武举的出身和任官也都仿照文举，制度体系基本差不多。

按道理，文科举在中国历史上发挥了巨大的作用，照猫画虎的武科举也应该得到人们的重视才是。但是，武举的实际效果却与文举不可同日而语，而且越到后代越差。在唐代，武举还选拔出了郭子仪式的大人物，可以作为这种制度的成果吹一吹，但宋代就没有这么辉煌了。到了明清，武举的衰落就无可挽回，从上到下，没有人把武举当回事。那些认为宋明武科举十分荣耀的人，大概是相信了说书艺人的虚构和夸张，如“岳飞枪挑小梁王”、“常遇春大闹武科场”之类。明清时期的武庠生武举人，多数人不过是通过这一途径混个出身，谁也不会看重武举头衔。军队里面看重的是行伍出身，提起武举都觉得寒碜。明朝后期的著名大臣熊廷弼，本来是武举乡试第一名（解元），后来为了证实自己的才能，洗刷武举的名声，类似于今日的“换文凭”，又参加文举也中了解元。所以，他的大堂上有“三元天下有，两解世间无”的对联，大大扬眉吐气一番。清朝曾经有人作打油诗嘲讽武举说：“头戴银雀顶，脚踏粉底皂。也去参主考，也来谒孔庙。颜渊喟然叹，夫子莞尔笑。子路愠见曰：‘这般呆狗醮，我若行三军，都去喂马料。’”当今有些所谓学者不察，对武举出身作为一种荣耀来标榜，殊不知如果当事人再世，恐怕也羞于启齿。在军队中真正值得炫耀的出身，是行伍而不是科考。到了清代，文科举是为官正途，而军队里只有行伍才是正途，武科举则对不起，那是人们奚落嘲讽的杂途。

从管理学角度看，值得推敲的是，同样是科举，为什么文科举能够在历史上发挥那么重大的作用和影响，而它的孪生制度武科举就这样不济事？

对这一疑问的解答，需要从科举的作用说起。许多人都以为，科举的目的是选拔人才，其实并不尽然。科举的制度用意，并不是单一的选拔人才。衡量一个制度的作用，绝不能只看表面的标榜。任何时候，选官制度的作用都是多面的，复合的。从汉到唐，在选拔官员制度上几经变化，但有一点很明确，就是强化集权和笼络人心。

汉代的察举制，由地方向中央推荐，导致用人的实权掌握在享有推荐权的地方大员手里。经过魏晋南北朝的动乱，新诞生的中央王朝，首要之急是把用人权收归中央，以免大权旁落，防止地方尾大不掉。而科举制的最大好处，就是用中央统一考试的方式，剥夺了地方长官的推荐权。所以，李世民看到科举考中的新科进士从承天门鱼贯而入，发出感慨“天下英雄尽入吾彀中矣”。这说明他首先看到的是科举制度的笼络作用，而不是得天下英才而用之的选拔作用。正因为如此，从唐代开始，科举选出的人才“中看不中用”的毛病一直存在，进士的虚浮浇薄一直为人们所诟病。从两宋到明清，有不少有识之士不断批评科举不得人。著名思想家黄宗羲、顾炎武等人，还提出恢复汉代的察举、三代的乡举里选，认为这样能在选拔人才上效果更好，在一定意义上，正因为科举能得到统治者的重视，所以才“人才辈出”，一直坚持了下来。任何一种选拔制度，只要当局看重它，那它肯定会“得人”。

武举的内涵则不一样了。从隋唐到明清，朝廷笼络军事将领的办法是另一套路数。所以，武举不承担集权和笼络作用，统治者只希望它发挥选拔人才作用。然而，它还是采用文举的这套做法，而这套做法的效用主要在笼络人心方面。这样，制度的设计内涵和外在效用的差距立马就暴露出来了。文举有可能选不出能臣但却能培育忠臣，武举却怎么也选不出勇将。这样一来，武举的作用实在有限，打仗还是那些行伍出身从基层上来的人顶事。所以，皇帝也就不大重视武举，而这种不重视又加剧了武举的衰落。作为制度，武举作为文举的陪衬却无伤大雅。这样做的结果，就是武举成了一种摆设。发挥着“猪尾巴的功能”——没它不好看，有它不压秤。

任何制度，都有这种复合性，管理者不可不察。例如，评职称，是评学术还是评待遇？提干部，是为工作还是为级别？考察绩效，是为推进事业还是为摆平报酬？竞争上岗，是为测量能力还是为排除异己？任何一种制度，在外显的目的背后还有隐含的目的。如果不细究目的的差别，一个看起来很有效的制度，移植到另一领域，很可能牛头不对马嘴。

37. 惩罚为何变成激励："廷杖"的效用

廷杖是惩罚，却激励着明代的大臣前仆后继。在管理中，组织的惩罚措施如果与社会公认的伦理准则不一致或者相反，那么，这种措施就可能由惩罚变为激励。

许多人认为惩罚只是"负强化"，其实不然。惩罚的初衷通常是禁止某种行为，但是有些惩罚所产生的实际效果却是正强化。例如，明朝对有忤于皇帝旨意的大臣实行"廷杖"，本来目的是杖出皇帝的威严，阻止大臣说话，然而，实际执行的效果，却在一定范围内鼓励大臣犯颜直谏。明武宗时，这个顽童皇帝一心要到南方去游玩，因谏止南巡，廷杖达一百四十六人，杖死十一人。嘉靖三年因争大礼（这个大礼是指皇帝生父的名分礼仪，嘉靖皇帝要为已去世的生父争得名分，但同传统礼制不合)，廷杖一百三十四人，杖死十六人。万历五年，首辅张居正的父亲去世，按礼制应去职守丧三年，但古代有“夺情”一说，即皇帝下令孝子留任为朝廷效忠而放弃守丧。张居正也不大愿意离开政务中枢。就在这节骨眼上，监察官吴中行、赵用贤等，坚守儒家的纲常伦理，坚决反对张居正夺情留任，先后上书弹劾，惹恼了万历皇帝，对上书弹劾者施以杖责，打得皮开肉绽。吴中行当场气绝，后来被抢救过来，但终身残疾。赵用贤比较幸运，虽未残疾，却也休养了一个多月才得以复原。这些官员，虽然都挨了板子，但却成为海内敬仰的楷模，“直声震天下”。值得深思的是，赵用贤的妻子把丈夫受杖形成的痂疤烂肉收集起来，做成“腊肉”，当作传家宝来警示子孙。几十年后，崇祯皇帝的首辅杨嗣昌亦以“夺情”视事。赵用贤的孙子赵士春继承祖父遗志，上书弹劾：“臣祖用贤，首论故相夺情，几毙杖下，腊败肉示子孙。臣敢背家学，负明主，坐视纲常扫地哉?”《明史·赵用贤传》）坚守儒家伦理纲常的形象跃然纸上。

廷杖之罚不可谓不严，廷杖之辱不可谓不重，然而明代的士大夫们如此前仆后继，不惜“以身试法”，原因何在？实际上，这跟社会公认的伦理准则之间有着密切的关联。汉武帝“独尊儒术”之后，儒学逐渐成为历朝历代的官员们信奉的正统思想，儒生们宣扬的“君为臣纲，父为子纲，夫为妻纲”和“君君臣臣父父子子”的观念成为整个社会的伦理规范。在士大夫们眼中，敢于“犯颜直谏”者，都是三纲五常的忠诚卫士；一味逢迎皇帝之人，必为误君误国的奸佞。所以，

"犯颜直谏"行为，哪怕受到皇帝的严责，也是传统政治伦理中的高尚行为。而杖责越重，行为难度越大，道德水准就越高。由此一来，表面上是惩罚忤逆皇帝旨意者的廷杖，实际上却成了士大夫们敢于"逆龙鳞"刚正不阿的直接标志。极端的例子如赵用贤的妻子，不仅不把受杖视为耻辱，反而以此为荣，甚至成为教育后代的榜样。

廷杖从惩罚演变为激励的故事，可以使管理者从中得到一定启示。现实中的管理者，有可能遇到这种情况。例如，领导反对什么，部下反而喜好什么。这些似乎同廷杖的例子有相似之处。

再进一步，凡是屡禁不绝，尤其是愈禁愈烈的事情，我们就要想一想，这种禁止或惩罚是不是已经在某种意义上变成了激励？遇到这种情况时，管理者首先需要检视组织的惩罚措施。只要这些措施与社会公认的伦理准则不一致或者相反，那么，这种措施就可能由惩罚变为激励。在企业中，如果企业的惩罚措施与企业文化所确立的伦理准则不一致或者相反，也会产生同样的现象。一旦在现实中出现了惩罚变为激励的现象，管理者就需要审核检查制度规范与伦理规范是否冲突。如果确有冲突，任其蔓延，不是惩罚的效果适得其反，就是企业的伦理导向遭到扭曲。

提出强化理论的斯金纳，曾经饶有深意地指出强化中的背反现象。他举例说，许多母亲都为孩子啼哭而头疼，殊不知孩子的啼哭正是做母亲的采用了不适当强化手段而造成的。当小孩哭叫引起母亲的抱怨时，母亲可能并没有意识到，正是她自己做出的强化行为，导致小孩的哭声越来越大。因为小孩根据自己的经验，哭泣能够引起母亲的回应。一旦得不到回应，小孩可能会加大哭声。而母亲很有可能随着哭声的增大而提高回应概率，久而久之，小孩就会不断增加哭叫的强度。明朝的廷杖，正是这样一种效果，你打得皮开肉绽，正说明进谏者的耿耿忠心。随着皇帝廷杖手段的加重，挨打就变成了一种道义上的鼓励手段。

第八章　激励与控制

38. “指东打西”的管理效应：康熙清查赋税和特科取士的弦外之音

很多政策举措，表面的指向和内涵的指向往往是不一样的。管理者必须弄清其真实含义，才能收到预期效果。

满族入关后，面临着巨大的民族冲突问题。在“满汉之分”、“华夷之辨”的思想影响下，江南汉族士子普遍采取不合作态度。康熙即位之初，在辅政大臣鳌拜的主持下，对江南士人施以颜色，理由却不是“华夷之辨”，而是清查赋税，留下了“探花不值一文钱”的典故。

本来，在明清拖欠税银是惯例，所以，几乎家家都拖欠税银。但鳌拜清查拖欠赋税，用意不在财政，而在政治。在这次

“税政风暴”中，清廷下令只查缙绅，即具有秀才以上功名头衔的人。“近观直隶各省，钱粮逋欠甚多，征比难完，率由绅衿藐法，抗粮不纳，地方官瞻徇情面，不尽法征比。”（《清实录》，顺治十八年三月戊午）由此，打击矛头直指缙绅，有意要杀江南士人的威风。按照当时人的说法，绅衿拖欠不及民欠十分之一，然而清查只问绅衿。凡是有拖欠者，“不问大僚，不分多寡，在籍绅衿，按名黜革，现在缙绅，概行降调”（叶梦珠《阅世编 · 赋税》）。一查，苏松常镇四府加溧阳一县，有功名的欠税者多达 13517 人（其中乡绅张玉治等 2171 人，生员史顺哲等 11346 人）。这些人全部被取消功名。其中三千人交刑部议处。顺治十六年的探花，时任翰林编修的叶方蔼，家中只欠一厘，折算为制钱只有数文，上书求情，朝廷不理，照样革除功名，降调职务七级，被贬到上林苑任蕃育署丞，用现在的话说，就是下放到国家植物园去管苗圃。类似的还有太常寺官员张讱庵，欠一厘，庠生程玠，欠七丝，俱被黜革。江南名士，被牵连到这一案的，有吴梅村、徐元文、彭孙遹等人。于是，就有了“探花不值一文钱”的说法。实际上，清查赋税云云，不过是一个借口而已。朝野无人不知，醉翁之意不在酒，收拾这批读书人，是杀鸡给猴看。

过了十几年，到康熙十七年，国内大势已定。这时，朝廷需要的是笼络文人。形势不一样了，政策也就不一样了。于是，由康熙皇帝亲自主持，以撰修《明史》为由，专门举行了一次特别科举，开博学鸿词科，并钦定徐元文、叶方蔼、张玉书为《明史》总裁。科举取士在古代是国家大事，非常隆重，按道理，应该十分严肃才对。但这次的特殊考试却十分蹊跷，根本不按常规衡量文采，而是按照在社会上的名气大小，强行网罗在野士人。所以，当局极力要把当时几位闻名海内的大学者拉来，其中首当其冲的是顾炎武、黄宗羲、李颙、傅山。顾、黄坚辞不就，加上有顾炎武的外甥在朝中罩着，也就罢了，陕西的李颙和山西的傅山则比较难堪，他们被地方官用床板硬抬出来应试，遭到二位以绝食和自杀抗争。被推荐参加考试的143人，有的固然希望借此机会飞黄腾达，但持对抗态度者也不乏其人。例如，作为海内知名的高手，考试当天有十几个人到晚上还故意不完卷，名士严绅孙竟然只写了不到题目规定内容的三分之一（要求只作一赋一诗，极为宽松。而严绳孙未作赋，诗20韵只完成8韵）。施闰章的应试诗，用了犯忌讳的“清夷”结句。按照他们的水平和文才，连题目都做不完显然不合常理。但这些毛病皇帝一概不计较，有名气的50人全部高中，而且全入翰林院，实在不愿当官的几位，以年老为由授予内阁中书衔准予回籍休养。显然，这种考试依然是指东打西，强行拉人考试本身就说明了问题，答卷也是走走过场，只不过是借机传递出朝廷政策变化的信息而已。

在中国，这种指东打西的方式十分普遍。或者甲罪乙治，如上述清查赋税；或者千金市骨，如上述特科考试。总之，表面的理由和实际的内涵并不一致。中国成语中，这种方式非常多见，如指桑骂槐、李代桃僵、声东击西、围魏救赵之类。对此，我们不妨问一问“为什么”？世界上有很多事情，就怕接连追问几个“为什么”。

“指东打西”的行为逻辑，隐含的是中国传统中的“正名”习惯。不过，这里的“正名”不是追求名实相副，而是给不那么光彩、不太好明说的目的和手段按上一个堂而皇之地名分。在上例中，清朝刚入关时，统治者在“华夷之辨”的道理上，是讲不过那些江南文人的，但处治你拖欠国家赋税，则堂堂正正，具有充足的理由。而当统治者要放下身段，求得汉族士人谅解时，无论如何也无法像当今的澳大利亚总理那样为殖民时代的恶行向当地土著正式道歉，所以，就以冠冕堂皇的开科举士来传递这一信息。这样，用很通俗的话来说，“大家面子上都过得去”。这是历代统治者的老花样了。例如，明朝的东林党争中，阉党抓捕东林名士杨涟和左光斗的理由，就是“贪赃受贿”。清朝一入关，这套把戏就学了个十足十。洋人刚刚开始同中国人打交道时，不了解这种民族心理，所以碰足了钉子。就拿英国人来说，从乾隆时期的马戛尔尼访华一直到撒切尔夫人时期的香港问题谈判，都在类似的问题上栽过跟头，碰过钉子。

“指东打西”的做法，在管理中具有一定的正面效应。尤其是对一些不方便公之于众的政策变化，它能够有效地传递出相关信息。但是，这种做法的负面效应更多。因为它的效果，来自于当事人的理解。如果当事人不理解其中包含的真实信息，就不能形成有效对话，还会造成新的矛盾，甚至带来“无中生有”的冲突。即使当事人能够准确无误地理解，也会因为这种方法的“名实不副”而产生抵触。假如一个老板，惩戒了一个违纪的员工，而当事人和其他员工都为这个被惩戒者抱屈，认为老板是甲罪乙治式的“找茬”，那么，这个老板的威望就会大打折扣。再如一个上司，给一个业绩并不那么卓著的部属高额奖励，最好的效果，也不过是能够激励这个部下对上司形成个人效忠和人身依附，对事业发展不会起到实质作用。

因此，“指东打西”在管理中不是根本不能采用，但必须慎用。其效果取决于领导人的道德状况。说到底，“指东打西”的内在不足是名实不符。正常的管理，应该力求做到名实一致。一旦名与实存在不一致，那么，这种不一致程度越大，对领导人的道德要求越高。只有当部下认为你的“指东打西”是出于好心和善意时，才有可能产生积极效果。孟子所言：“大人者，言不必信，行不必果，惟义所在。”实际上就是说的这个道理。

39. 轮岗的不同性质：古代王朝易地任职的奥秘

轮岗和易地任职是着眼于锻炼部下的能力，还是着眼于加强上司的控制，性质完全不同，不可混为一谈。在今日，尤其应注意二者的区别。

轮岗、回避和易地任职，似乎是很“现代化”的管理手段。然而，在中国古代，这些手段却早被运用得炉火纯青。

从东汉起，易地任职就已经与回避结合起来，在官吏任用上开始推行。当时有所谓“三互法”，即婚姻之家与两州人士不得交互为官。尽管三互法的史料多有残缺，致使史学界为此考证不休，然而，其基本思想是明确的，就是为了防范官吏结成私人势力集团，把人们从错综复杂的亲属关系网和地域关系网中解脱出来。对于清廉正直的官员来说，这可能是他们求之不得的好事，但对借机谋私的官员来说，则可能是坏了好事的恶兆。当然，推行这种办法的朝廷乃至皇帝，用心也不见得就那么光明正大，很可能并不在于“为广大人民谋利益”，而在于使官员摆脱私人关系的羁绊而死心塌地效忠朝廷。于是，这种官员任职方法就很快得到了广泛运用，秦汉时期，地方长官在本地任职者还比较常见（尽管有学者考证说汉代就实行了易地任职，但究竟占多大比例值得怀疑），到了魏晋南北朝，易地任职就成了普遍方式。

魏晋以后，本地人不在本地当官逐渐成为惯例。到了唐代，干脆实行“南人官北，北人官南”的办法。甚至出现了不管是否合适一概远离原籍的现象，河朔之人发送到江南，淮扬之人任命到漠北，原籍四川的安排到吴越，曾在云南的改任到陇右。连任职时间也限定为四年或者三年。这样，易地任职和轮岗制度就结合起来了。高级官员的流动尤其频繁。原因无他，权力越大皇帝越不放心，只有官员的屁股还没有坐热就离开，才能让皇帝相信你在这里没有形成私人关系。当然，有些官员不太好动，比如节度使，镇守一方边疆，让他们也三四年就走人，那么，边疆的防务就难免出现漏洞。但正是这一点为国为民的善念，却引出了安史之乱、藩镇割据的血淋淋教训。于是，宋代的赵氏江山，干脆把国防大计也放在脑后。在赵匡胤兄弟看来，胡人骚扰不过是疥癣之疾，而武将跋扈才是心腹之祸。所以，武将的“人才流动”也热火朝天地开始实施了，不是调兵就是遣将，不过与通常所说的调兵遣将不同，不是兵将一起调遣，而是分离他们，做到“兵不识将，将不识兵”才放心。所以，岳飞的“岳家军”云云，实际是犯了宋朝的大忌，尤其是岳飞作为带兵将领还要关心宋高宗的继位人选问题，而这位宋高宗恰恰又由于苗刘之变吓成了阳痿没有后人，这就难免要使皇帝起疑心了。

到了明清，易地任职和回避制度已经十分严密。明清的制度，精致细密的程度令人赞叹，然而汉唐式的进取精神却不复再现。不管什么事情，越精致也就往往越小气。人们称颂汉唐雄风，而那种雄风恰恰同粗疏荒蛮相关。明清的制度尽量向细密发展，而这种细密极容易走向胸怀不大的“小家碧玉”式格局。清代的“易地”，具体到要算任职地点距原籍的里程，回避要查明好几代的蔓络。尤其是高级官员，绝不能让在一个岗位上待的时间过久（太平天国以后地方大员长期任职是后话，而恰恰这一阶段地方开始尾大不掉）。中央六部，实际成为轮岗的台阶。由侍郎到尚书是不容易上去的一大台阶，但不要以为侍郎都是侍郎，尚书都是尚书，尽管品级一样，不同部门的高低大有讲究。于是，侍郎必须从工部干起，哪怕你对建筑一窍不通，但你也得去主管建设的工部起步，然后沿着礼部、刑部、户部、兵部、吏部的顺序走，侍郎转完了这一圈再从工部尚书开始，最后吏部尚书干到头就该当大学士和军机大臣了。当然，这中间有不少灵活变通。然而，正是这种漫长的升迁链条，皇帝一旦让你跳过其中一两个环节，那就更显得皇恩浩荡。这里面的奥妙，是只能意会而不可言传的。

一般的管理学著作，都会强调轮岗的积极意义，却忽视了中国传统轮岗的另一层含义。这种轮岗，不是为了更好地工作，所以，是否具有专业水准，是否熟悉相关事务，都是不重要的，重要的是任职者的资历和皇帝对他的放心程度。这种轮岗的实质，是上司更好地控制部下。对于这些经过官场千锤百炼的高级官员来说，他们已经成了人精，要让皇帝放心千难万难。皇帝不用他们治理不了国家，用了他们又担心大权旁落。在低级岗位上拉帮结派还可以容忍，在高级岗位上结党营私就成了眼中的砂子。所以，皇帝不但让高级官员推磨式的转圈轮岗、多角对调，而且还要辅之以副职牵制、分割权力、密探监督等等手段。总之，一旦你的表现让皇帝感到有点不安，那就快要被轮岗了。这种用人之术，被历代统治者发扬光大，而且形成了一种文化积淀。甚至直到今天，还能看见这种轮岗的影子。如果一个公司的领导人觉得某个副总或者某个关键的中层在一个岗位上干得时间太长了，要让他挪挪窝，大半就是这种性质的轮岗。所谓“挖墙脚，掺沙子，甩石头”之类人事安排，正是出于这种意义。

上面所说的这种着眼于控制官员的轮岗还不是最坏的。最坏的是权臣当道的轮岗（注意，权臣不等于奸臣）。对于权臣来说，他们尽管会打着国家的旗号，但国家却不是属于他的，所以，轮岗并不考虑“国家需要”，而是只考虑如何对自己有利。无论是唐代的李林甫还是宋代的王安石，也不管是明代的张居正还是清代的明珠，他们都会对下属官员“轮岗”，这与他们是忠是奸无关，而仅仅与大权在握有关。这种轮岗，不是为了营私，就是为了谋财。所以，能得到贿赂或者能培育属于自己的势力，就让你轮到好的岗位。视其出钱多少或者亲信程度高低，安排岗位的远近肥瘠。这种轮岗，是权力寻租的一种常见方式。

当然，用轮岗来控制部下，并不会直言宣告对部下不放心；用轮岗来牟取私利，也不会公然声称需要下属搜刮进贡。再蠢的领导人，都不会把对下属的强化控制或者把自己的以权谋私亮出来作为招牌，所以，轮岗的说辞往往十分漂亮，不是强调朝廷对培养官员的重视，就是宣扬上司磨砺官员的苦心。当今的管理者，当然也要轮岗，但是要注意，那种现代化的轮岗，和这种传统的轮岗，有着本质上的差别。

40. 制度与人为如何配合：唐朝科举的“龙虎榜”

韩愈名满天下，他科举考试登榜不仅靠制度，而且靠伯乐。制度和人的作用是相辅相成的，否定伯乐意味着扼杀韩愈。

隋唐创立科举制，对此后中国社会的发展和政治制度的演进产生了重大影响。但是，唐代的科举，制度上还不是十分严密，是否金榜题名，往往不是取决于考试成绩，而是取决于名人推荐。所以，考试之前，找门路，托关系，成为当时应试举子的一大景观。但是，多数名士对这种权力也很慎重，他们爱惜自己的名声，不会轻易答应推荐谁，应考者必须拿出自己最得意的作品来打动对方。这种把自己最好的作品送给名人请求推荐的做法，当时有一个专用词汇，叫“行卷”，有点类似于今天的专家鉴定和推荐。

唐朝科举行卷广为人知的例子，是白居易的故事。白居易在长安应考时，曾向著名诗人顾况投递作品，请他推荐自己。顾况初不为意，这种名人，找他推荐的人太多了，而值得推荐的却很少。当他听到白居易这个名字后，带有几分揶揄，拿白居易的名字打趣调侃，说：“米价方贵，居亦弗易。”但当顾况打开诗卷，读到《赋得古原草送别》的“野火烧不尽，春风吹又生”一句，立即拍案惊叹：“有句如此，居天下有甚难?”于是极力推荐，使白居易一举及第。

与白居易的故事相仿，著名诗人杜牧，科考得中也得力于太学博士吴武陵的推荐。当时，礼部侍郎崔郾主考，吴武陵赞叹杜牧的才华，专程赶去对崔郾游说，声称自己在太学教书时，有一天见到十几个太学生在那里“扬眉抵掌”，读文章读得津津有味，神采飞扬，过去一看，原来正在读杜牧的《阿房宫赋》。他把这篇文章拿来反复阅读，感到此人确实是王佐之才。这次应考，他担心崔郾公务繁忙，无暇读及这篇奇文，所以前来推荐。接着，吴武陵把《阿房宫赋》琅琅读来，阴阳顿挫，铿锵有力，崔郾大为惊奇。一篇读罢，吴武陵就对崔郾直言不讳说：如此才华，必须授予状元才能相称。崔郾皱着眉头不肯答应，说：可惜啊，状元已经内定有人了。吴武陵一听，改口说：事不得已，那就录在前五名。崔郾还在犹豫。吴武陵紧逼一步，胁迫道：不给前五名，你试写这么一篇赋看看。直到崔郾应声，吴武陵方才满意而归。

在这种推荐风气下，有些主考，为了更准确地选拔人才，往往请自己熟悉的文坛名流协助自己评判试卷，鉴定优劣。唐德宗贞元八年（792年），宰相陆贽担任主考，请来他的好友、时任左补阙一职的梁肃为他推荐考生。梁肃一口气向陆贽推荐了八个人。同时，陆贽还请时任礼部郎中的好友王础、礼部员外郎崔元翰协同自己确定及第名单。这一科，陆贽在几位好友的帮助下，共录进士二十三人。其中包括贾陵、欧阳詹、韩愈、李观、李绛、崔群、王涯、冯宿、庾承宣等一批久负文名、誉满天下的青年才俊。其中贾陵第一名，欧阳詹第二名，韩愈第三名。录取后，有十余人很快便在政坛崭露头角，不过数年，官至台省。尤其是韩愈，虽然仕途不太顺利，但学问人品都被世人所称道，人称“道济天下之溺，文起八代之衰”，在历史上留下了长远的名声。由于这一科所录取的人员一个个都不同凡响，因而，人们把这一榜进士称为“龙虎榜”。

这一次，不是韩愈自己找人推荐，而是主考请朋友帮忙推荐。这种推荐也有一个专用名称，叫“公荐”。韩愈当时并不知情，后来才了解到梁肃、王础等人协助陆贽主考的功绩。他曾感动地说，陆贽考察文章的准确，对待梁王二人的信任，梁王二人举荐的得当，各种因素凑在一起，成就了这么一段佳话（见《韩昌黎集》卷三《与祠部陆员外书》）。韩愈自己在文章里能够发出“千里马常有而伯乐不常有”的感慨，很有可能同他的这段经历有关。

从此，“龙虎榜”就成为科举取人浸盛的别称。作为考官，也以取士赢得“龙虎榜”的美誉而自豪。但是，真正要做到选拔准确，评价至公，需要主考者和推荐者的识鉴品行保证。一旦没有这种道德上的保证，“行卷”和“公荐”就有可能成为徇私舞弊的途径。在唐代，那些拥有举荐权的名流大多数都非常看重名誉，举荐十分慎重。如果举荐不当，往往会遭到舆论的抨击。所以，才能留下“龙虎榜”这样的佳话。而如果没有这种个人信用和社会评价机制，就有可能出现问题。到了宋代，为了防范作弊，干脆取消了举荐，“一切以程文为去留”。制度上的漏洞堵塞了，但“龙虎榜”式的效果也消失了。就连大文豪欧阳修，在嘉祐二年（1057 年）当主考，极力校正科举中“相习为奇僻，钩章棘句，浸失浑淳”的现象，也招来了众多攻击，“浇薄之士，候修晨朝，群聚诋斥之，街司逻卒不能止。至为祭文投其家，卒不能求其主名置于法。”（《宋史·选举一》）连欧阳修都因为科举取士而在街头被人纠缠不休，落榜者给他家里投匿名辱骂帖子。于是，科举制度开始由原来以积极地选拔才俊为目的，开始向消极地防范考生作弊演变。

尽管“龙虎榜”不复再现，但人们对“龙虎榜”依然有所希冀。一直到清代，在乡试放榜时，往往选在寅日或辰日进行。这是因为按照十二地支的排列，寅属虎，辰属龙，寅辰两日暗含龙虎之意，选在此时放榜以取吉利，可以说是世人对“龙虎榜”的一种下意识追忆。

当今人们谈到治理国家，谈到企业经营，往往寄希望于制度的完善，这当然不错。但是，如果把制度建设同个人作用对立起来，似乎就有点问题。任何制度，不但是人建立的，而且是人运作的。没有好的制度，陆贽、韩愈也无可奈何，但即便有了好的制度，到了李林甫、杨国忠手里也会变成排斥异己的工具。简单地把世人对“龙虎榜”的期望，看作是清官思想和人治意识，一概加以斥责，甚至强调人的一切行为都是制度决定的，同人本身无关，好像只要有了好的制度就万事大吉，主张用“赛马”排斥“伯乐”，这实在是差之毫厘谬之千里。以打篮球为例，规则是十分重要的，没有规则，哪怕你是姚明，我先一脚把你放倒再说。但如果有人把所有关于篮球比赛的规则制度背诵得滚瓜烂熟，就宣称自己是世界上篮球打得最棒的运动员，恐怕就有点滑稽了。唐朝的“龙虎榜”，得人之盛恰恰不全因为有了科举制度，主考官的状态在其中起了很大作用。当然，如果主考官为人不端，制度给他留出的自由裁量权肯定会成为徇私舞弊的渊源。

史学界有一种很不好的倾向，就是“站着说话腰不疼”。不少论著对唐朝的“行卷”和“公荐”多有抨击，把它看作是察举时代的一种旧习惯的遗留，推崇宋代取消“行卷”的公正，这实际是以后代的立场批评前代的时空错位，缺乏“历史的同情”。对此，我们不禁要问，当年清华校长曹云祥，仅仅凭吴宓的推荐，就聘任陈寅恪为教授。而当今许多人写的评语鉴定和推荐书之类到底掺了多少水，人们都心知肚明。这难道全部都是制度的错吗？

41. 什么是合适的榜样：马援告诫子弟的含义

榜样有可能是“刻鹄不成尚类鹜”，也有可能是“画虎不成反类犬”。选择何种榜样，怎样学习，关系到人的发展与事业前途。

有一句人所熟知的励志明言：“不想当将军的士兵不是好士兵。”但是我们还需要反问一句：“想当将军的士兵是不是好士兵？”进一步说，将军是不是士兵的适当榜样？

东汉名将马援，为人不但豪放，而且谨慎。人们多数都知道他“马革裹尸”的悲壮，但却忽视了他的仔细。马援告诫子弟的一份家书，就很值得细细玩味。

马援有两个侄子马严和马敦，年轻气盛，可能多少还仗着父辈在朝中的大将地位，喜好评议时事，臧否人物。对此，马援十分担心，在远征交趾时，他给家中去信告诫这两位侄子，专门提出两位年轻人的榜样进行比较。一是龙述（字伯高），该人“敦厚周慎，口无择言，谦约节俭，廉公有威”。二是杜保（字季良），该人“豪侠好义，忧人之忧，乐人之乐，清浊无所失”。这两个人，都是马援敬重的，但是，马援希望自己的子弟学习龙伯高，而不要效仿杜季良。原因并不复杂，马援在家书中明白无误地说道：“效伯高不得，犹为谨敕之士，所谓刻鹄不成尚类鹜者也。效季良不得，陷为天下轻薄子，所谓画虎不成反类狗者也。”事见《后汉书·马援传》。意为学习龙述不到位，还算办事谨慎小心之人；而学习杜保不到位，会变成人人责骂的轻薄之徒。就像艺术，雕刻鸿鹄不成，起码还像个大雁；而画猛虎不成，就可能像流浪犬。

有一句老话：“榜样的力量是无穷的。”但是，能否选择适合的榜样，马援的家书给出了答案。当一个人有可能达不到榜样的高度时，就要思考低一档的效应是什么。如果是“刻鹄不成尚类鹜”，那就值得模仿和学习；如果是“画虎不成反类犬”，那就值得警惕和提防。马援所突出的是谨慎小心，我们今天可以比马援看得更远大一点，掌握其中的逻辑。在楷模选择上，给人们树立一个近于不食人间烟火的圣人为榜样，学习的后果有可能是制造出大批伪君子；而选择一个有血有肉同你我差不多的常人榜样，反倒更有可能形成正面效应。当年美国的总统肯尼迪，在他做出十分愚蠢的“猪湾登陆”决策失败后，他的民意支持率反而上升。原因无他，就是因为他的形象在此之前过于“完美”，而愚蠢和失败，使老百姓看到他也是常人。

将军和士兵的职责不一样，行为模式也大不相同。美国的巴顿是著名战将，但他那种目空一切、我行我素的风格，如果真有哪个士兵要极力模仿，十有八九会被开除军籍。有一些大学生动不动就拿比尔·盖茨退学后创业成功的例子说事。对此，我只想反问一句：你具有比尔·盖茨的素质吗？盖茨退学创造了微软，但不具备这样的素质和追求而效仿盖茨退学，则可能变成一个街头混混。因为厌恶学习而退学，同因为有比上课更重要的事业而退学相比，根本不能同日而语。对于一个员工来说，公司领导人可能在长期搏杀中养成了不拘小节的风格，但这并不等于下级员工也可以在工作中马马虎虎。头儿不修边幅那叫潇洒，部下不修边幅就叫邋遢。这其中的道理不言自明，但就是有不少人翻不开这个窍道。对于员工来说，做做“将军梦”未尝不可，但自己必须清楚，要学的是将军之“神”，而不是将军之“形”。

作为公司领导人，也应当清楚，在许多情况下，你的言行会被部下无意识模仿。所谓“楚王好细腰，宫中多饿死”即是。因此，当如何为部下树立一个好榜样时，不仅需找出他山之石，而且要自己以身垂范。盖茨的退学不可被员工模仿（他自己也从来不以此为荣），但盖茨的平易近人、善于沟通、献身慈善事业，却能成为员工的楷模。苹果公司的乔布斯，执着于创新而不注意市场，影响了手下的一批研发人员，结果却造成了管理层和技术层的严重隔阂甚至对立，曾经引发出严重的经营危机。尽管乔布斯也有他自己的成功之道，但其中的教训值得引以为戒。

人物如此，公司经营也如此。好公司的榜样极多，看你如何学习。有的大公司有雄厚的资产，可以在战略上做出大手笔。而一个资产不足的小公司如果也学这种大手笔，就有可能倾家荡产。创业阶段的经营往往是个人风格式的，而规模经营的阶段往往是规范化的。创业阶段过于追求规范，有可能会扼杀活力；而守成阶段过于突出个人风格，则有可能会破坏制度。选择经营管理的榜样，也需要看会带来什么样的次级效应。做个极端一点的比喻：让相当正规的大企业去学小作坊的“船小好掉头”，让夫妻店去学上市公司的监管方式，都无异于邯郸学步。

42. 领导者的权谋：刘邦封雍齿的启示

领导人在使用自己的权力时，应该首先想一想，你的举措，是能够让部下感到公平的希望，还是让部下感到不公平的威胁？

刘邦得天下后，面临着分封功臣的难题。在多年的楚汉相争中，功臣太多，如何“摆平”这些战场上厮杀出来的牛人，成为这位新天子的当务之急。汉高六年，当刘邦先把张良、萧何、曹参等大功臣分封后，众多的中小功臣如何分封就成了麻烦，“日夜争功不决”。于是，刘邦就把这件事搁置起来。但是，这种搁置有可能造成更大的危机。据《史记·留侯世家》记载：刘邦在洛阳皇宫的阁道出行时，看到他的将军们三五相聚，议论纷纷，就问谋士张良，将军们在议论什么？张良一句话挑明了危机，说："此谋反耳。"刘邦大吃一惊，说：天下已定，为何谋反？张良说：你的天下就是这些人打下来的，现今你分封的全是亲信，诛灭的全是仇人。他们盘算，整个天下也不够分封，因而封谁不封谁就成了大事。这些战场上打出来的人难免有过去得罪过你的，他们不但担心不能受封，而且担心秋后算账，所以相聚谋反。刘邦十分担忧，就向张良讨教对策。张良就问他：皇上平生所憎恨，且群臣所共知的人，谁最突出？刘邦说：莫过于雍齿这个家伙，我没起事时就同他有仇，后来多次窘辱我。早就想杀了他，但他确实功劳多而不忍下手。张良就建议刘邦先封雍齿，以稳定众人。于是，刘邦把其他人都搁置一边，先封雍齿为什邡侯。同时催促丞相和御史定功行封。众将领一看，果然放下了心："雍齿尚为侯，我属无患矣。"一场危机，被消弭得无影无踪。

按理说，刘邦就是把雍齿杀了，也有十足的理由。且不说刘邦还是平民时两人就有过节，就是当雍齿在刘邦手下为将时，也有不可赦之罪。当初刘邦带兵出征，留下雍齿守卫老家丰地。结果雍齿投降了魏王，使刘邦连老家都丢了。但是，杀雍齿容易，要保证所有将领都忠心耿耿却不容易。刘邦借用雍齿的受封，保证了刚刚诞生的王朝安宁。因此，这件事向来被史家所称道。西汉末年，刘向把君主分为九类，其中有一类叫"等君"。《史记索隐》称："等者平也，谓定等威，均禄赏，若高祖封功臣，侯雍齿也。"即以此为例。东汉末年袁绍要清除异己，曹操也不以为然，说："高祖赦雍齿之仇而群情以安，如何忘之？"再到后来，人们甚至把刘邦封雍齿同春秋时齐桓公用管仲相提并论，有了“雍齿先封，射钩见相”之说（管仲曾经作为齐桓公的敌对方用箭射中桓公的带钩，但齐桓公即位后仍然重用管仲）。这一做法，很值得当今的领导人借鉴。

部下对领导人的追随，领导人赢得部下的信任，公平是必不可缺的因素。何谓公平，见仁见智。但是，不管对公平的理解有多大的歧义，部下感受不到的公平就不是公平。刘邦对待雍齿，即使杀了他，也能义正词严地讲出十条八条理由，宣布雍齿是咎由自取。不过部下从中不能感受到公平反而会感受到威胁。而当刘邦接受张良的建议分封雍齿，对刘邦自己而言，把雍齿过去的恶行劣迹一笔抹过，似乎有点不大公平，甚至对那些比雍齿强的人来说也不见得公平，但刘邦的其他部下却能从中得到公平的信息。这对于领导者来说，是一个不能不考虑的重要因素。领导人在使用自己的权力时，应该首先想一想，你的举措，是能够让部下感到公平的希望，还是让部下感到不公平的威胁？

另外，刘邦的这种做法，带有一定的权术色彩。对于权术，管理学界有褒有贬。一般来说，玩弄权术并不可取。但是，在特殊情况下，而且加上一定的限制条件，权术也有现实意义。用权肯定有术，问题是什么性质的“术”？管理有道，常道为经，变道为权。这个权不是权力，而是权变。即使是固执迂腐的老夫子，在一定条件下也不得不用权。在传统儒家的思想中，“男女授受不亲”是经，“嫂溺则授之以手”是权。如果碍于礼制而见死不救，孟子也会骂他是禽兽。所以，尽管刘邦封雍齿也是权术，但这种权术是用来彰明公平大义的，而且是用来应变的。由此出发，这个例子对于领导人在用权中如何用术也有一定启发。

第九章　警惕管理中的误区

43. 只要死英雄不要活模范：“千金市骨”的负效应

买回马骨是为了吸引活马，而不是为了收藏死马。当今的管理中，只要马骨不要活马者比比皆是。

“千金市骨”是众所周知的成语故事，典出《战国策·燕策》。说的是燕昭王求才不得，他的大臣郭隗告诉他，古代有君主派人寻找千里马，结果派出去的人好不容易找到了一匹千里马，却是死的，于是就买了尸首回来。消息传出去，结果一年内就得到了三匹千里马。

这个典故是否属实并不清楚，《战国策》作为史实并不一定靠得住。然而，这个典故的广泛传播，却反映出一种用人的普遍心理。后来人们就以此类比求贤若渴、礼贤下士等爱惜人才行为，多看到这一成语的正面激励含义，而忽略了它有可能产生的负面效应。

必须注意到，千金买到的，不是千里马本身，而是千里马的尸首（《战国策》原文为五百金买回死马首）。这就同寻求真正的千里马有了差别。不注意这种差别，很有可能会适得其反。

说到底，“市骨”不是需要骨头，但就是因为它出自千里马，所以才有了连带价值。这种价值是一种爱屋及乌的价值，而不是乌鸦本身有价值。假如没有后续的千里马，恐怕那副烂骨头白送也没人要。所以，千金市骨仅仅是打出了一个广告，挂起了一个幌子。广告上写的是求贤若渴，幌子上标的是陈年佳酿。是不是真正如此，人们还得看后续行为。如果是买来马骨供奉起来，而活马来了却拒之门外，或者是对着马骨感叹千里马不常有，而让有千里马资质的活马在磨道里转圈圈。这样的千金市骨，人们不但不会把千里马送来，反而现有的千里马也会离去。现实中的某些高薪招聘，有的根本就不在乎吸引和挖掘人才，仅仅是为了吸引眼球，造成轰动效应。再进一步，对自己掌握的人才，不是尽可能让其发挥作用，而是用来给自己当作谈资和显摆的陈列品。那么，你手里永远只有一堆烂骨头，而不能得到真正的千里马。作为管理者必须清楚，幌子是为了吸引眼球，而目光所及要有后续的实际内容。市骨后，必须要买真马。幌子上写的陈年佳酿，必须有真正的酒香让客人闻得见尝得着。

即便千金市骨产生了正面效应，还必须有相应的恰当使用千里马的办法配套。否则，就有可能由“千金市骨”变为“叶公好龙”。不少管理者开始是真心想吸引千里马，也能够看到千里马的不同凡响。但是，活马的情况是复杂的，不见得每天都能跑千里，有时还会尥蹶子。越是好马，把骑手摔下来的可能性越大。如果不是好骑手，就不会把速度放在首位，而是把是否驯服听话放在首位。在这种情况下，管理者很快就会对千里马产生焦虑、厌烦甚至畏惧，久而久之，反而喜欢马骨而讨厌活马。活着的有缺点，所以要死的。有些领导人之所以只要死英雄不要活模范，奥妙就在这里。如果仅仅强调千金市骨，就很有可能变为马骨收藏家。当一个领导人变为马骨收藏家后，他属下的组织生命力也就开始凋零。

有了使用千里马的方法配套，企业有可能成为龙腾虎跃的跑马场。但是，这种景象能不能持久，还需要交易之外的措施。“市”是一种交易，交易一旦有效，会使领导人扩大交易的效应，既然千里马能买来，而且买来还跑得不错，那么，很可能会顺理成章走向“有钱能使鬼推磨”，误以为这个世界上没有用钱解决不了的事情。这种偏差，管理学界已经有较为深刻的认识，尤其是组织行为学有较多研究，这里无需赘言。

除了用人，经营管理的其他方面，也需要警惕千金市骨的负面效应。比如，在产品质量上，以千金市骨的方式树立了质量样板，但这种样板只是为了掩饰大面积的质量低劣。在队伍建设上，以个别杰出人物造成光环效应，而整体队伍却处于没有阳光的灯下黑影之中。类似的现象，几乎在管理的所有领域都可能看到，值得引起领导者的关注。

如果仅仅是千金市骨，那么，最好的情况下，也就像某些富人吃饱没事买回来古董，不是用来使用的，而是用来把玩和显摆的。当然，人们说千金市骨，只是取其象征意义。从这一成语的出处来看，当年的燕昭王在请教了郭隗后，确实重用了一批杰出人才。所以，千金市骨还是有可取之处的。只要记住“所求者生马”，而不是陶醉于死马，就不难克制其负面效应。

44. “君子远庖厨”，是虚伪还是真诚

管理需要同情心，某种行为是虚伪还是真诚，关键要看它是出自不忍之心还是出自表演技能。

孟子有一句名言：“君子之于禽兽也，见其生，不忍见其死；闻其声，不忍食其肉：是以君子远庖厨也。”（《孟子·梁惠王上》）在传统礼制中，干脆把它确立为一条行为规范：“君子远庖厨，凡有血气之类，弗身践也。”（《礼记·玉藻》）对此，历来争论不休，争论的焦点不外两点：一种观点认为这是虚伪，一种观点认为这是仁道。

平心而论，这两种观点都有道理。虚伪论符合常人的观感：既然不忍杀生，就不要吃肉。又要满足口腹之欲，又不忍

看到动物死亡的痛苦，远离杀生现场而使自己吃得心安理得，这不是虚伪是什么？仁道论符合孟子的原意：人人都有不忍之心，不忍之心是仁的发端。看到杀生的残忍而进食，会泯灭人的不忍之心，所以要远离杀生现场。正因为各说各的理，所以都无法说服对方。

撇开观点的对立，从经验事实角度来看，“君子远庖厨”是常态。古代所说的庖厨不同于当今把食料加工为饭菜的厨房，而是包括把“血气之类”加工为食料的屠场在内，庖丁即屠夫。弄清这一点，有助于辩论背景的界定。在古代，不但“君子”不亲临屠宰现场，即便是庖丁，食肉时多数也要“远庖厨”。“君子远庖厨”的争议，不是事实的争议，而是观点的争议。截然不同的两种观点，在从古到今的管理实践中都大有市场，往往涉及同情和无情、虚假和真实、道和术的关系等问题，所以值得说说。

孟子之所以要强调“君子远庖厨”，是借此说明人具有同情心理。仁的根基，全建立在同情心之上，人之同情发端于恻隐，扩展为仁爱。而老子则认为人不过是万物之一，“天地不仁，以万物为刍狗”，自然之道是排除情感的，所以远离庖厨是虚伪。可见，主张君子远庖厨的孟子，本质是要用同情心来建立社会规则；而以万物为刍狗的老子，本质是要仿照自然的无情来建立人类规则。由此可见，同是君子远庖厨，真诚说和虚伪说，不过是出自同情和出自无情的两种判断而已。

管理需要同情，还是需要无情？这是一个公说婆说都有理的问题。一般来说，在确立某种规则之时是要排斥情感左右的，有了情感的偏向，就无法做到不偏不倚。历史上除了道家的“道法自然”要排除情感外，法家更以赤裸裸的利害计算来排除社会行为中的情感。他们之所以会持无情取向，与他们的法则偏好不无关系。但是，管理的对象是人，当无情地以铁石心肠待人时，会使人的情感受到极大挫伤。而儒家着眼的重点在社会行为方面，所以会把同情放在首位，乃至以移情即“老吾老以及人之老，幼吾幼以及人之幼”来扩展同情心。没有同情心，可以成为一位杰出的物理学家，也可以成为一位把牛看作部件的庖丁，但很难成为优秀的管理者。由此可见，“君子远庖厨”对于养育管理者的不忍人之心来说，还是有必要的。

问题是，管理活动又离不开规则的制定。如果在制定规则时被情感左右，那就很难有公正。罗尔斯讲正义，首先要以“无知之幕”作为推理前提，就是出于这种考虑。不过，这只对制定面向所有人的抽象规则有用。而且这种无情并非冷血，否则，就有可能失去人道。“君子远庖厨”之所以能够成为礼制规范，是因为它要面对的是“人—兽”关系，而不是“人—人”关系，“远庖厨”是要避开动物死亡的血腥和痛苦引发人类的相似感受，而不是给动物施以与人同等的关爱。批评其虚伪的，在逻辑上所主张的是“兽道”而非“人道”。要根除这种虚伪，除非不杀生。所以，制定管理规则时的无情，并非完全无情，仅指摆脱指向具体对象之情，人之常情不可缺少。现实中某些管理规则存在的问题，恰恰是缺少了人之常情。从这一意义看，“君子远庖厨”对于保持内心的那点柔弱，不无积极意义。

关于“君子远庖厨”的虚伪，一直是争论的焦点。如果取“伪”的本意来看，一切人为均是“伪”，荀子就是这样认识的。所以，“伪”不是问题，“虚”才是问题。一个人如果能够“伪”一辈子，那就是圣人。人的行为，只有小部分受意识支配，大部分则受潜意识支配。只有心口不一，才会有虚伪，即潜意识和显意识相悖。“君子远庖厨”恰恰是要在潜意识层次保持人的不忍之心，使人看见屠戮就吃不下饭，养成远离血腥的无意识。所以，它培养的是“实伪”而不是“虚伪”。西方的案件审理在选择陪审团时，屠夫之类的职业背景是首先要被排除的，目的就在于保证陪审员具备同情心。一味批判其虚伪，有可能抛弃的是“实伪”。

老子式“以万物为刍狗”的无情，必须与无为配套。如果这种无情和有为结合起来，其后果难以预料。几十年前，笔者所在的农村学大寨搞方田化，推土机要推掉一个农户的自留地，当事人躺在推土机前不让推，一位公社书记大喝一声“向前开”，当铁铲即将铲到当事人的后背时，吓得当事人一骨碌滚到了旁边。该书记事后还洋洋得意地到处介绍他的经验。这样的无情，比起远离庖厨的虚伪来，更需要管理者警惕。

历史上为“君子远庖厨”辩解的儒者，还提出一个很重要的观点，即不忍之心为“道”，而远离庖厨为“术”。某种行为不好但却必须实施的时候，需要两害相权取其轻。正是这种权衡，会使人类逐渐克服陋习。古代营养的缺乏导致人类不得不杀生，所以“君子远庖厨”；而当食物不断增加时，人类就会减少杀生的种类和数量。由“君子远庖厨”走向动物保护主义，不仅仅是人类生存的利害计算，而且是道义上不忍之心的效应。嘲讽“君子远庖厨”的虚伪，消灭不忍之心，在

“杀生”无可避免的情况下，有可能催生出专门制造自己也不吃的有毒食品作坊。反过来，当“拯救狗狗”成为一种表演而不是真心给墙角的流浪狗喂一点食物的时候，那才是真的虚伪。

45. 敬仰还是工具：“因神设教”在管理中的作用

“头顶三尺有神灵”不是迷信，而是对善的敬仰。它的真实效应是在理性所不及之处保持人性。

在古代，占卜巫觋是一种十分常见的管理手段。对此，不能简单地以愚昧视之。在古人的管理中，神灵具有重要的作用，占卜巫觋则是人类与神灵的沟通。所以，要了解占卜巫觋的意义，应当先弄清什么是神灵。

古代广义的神灵，实际上包括三种：天曰神，地曰祇，人曰鬼。《说文》称：“天神，引出万物者也。”与天神相对应的还有地祇。“地祇，提出万物者也。”所谓神祇，实际上就是今天所说的自然，凡非人为的万物生成变化就是神祇。由于自然造化不可思议，神妙莫测，所以，普通民众往往把自然神祇人格化。

所谓占卜，就是烧炙龟甲，从其纹路判断吉凶。“占，视兆问也。从卜从口。”“卜，象炙龟之形。一曰象龟兆之纵横也。”所谓巫觋，就是通过舞蹈与神沟通或者使神降临。“巫，祝也。女能事无形，以舞降神者也。”女曰巫，男曰觋。按照神话学家的说法，在上古时代，人人都能和神祇沟通，从自己的感受中理解神意。自从颛顼命令重黎“绝地天通”后，与神祇沟通就成为占卜巫觋的专利。人们要想知道神意，只能通过炙龟灼甲的贞人和舞蹈召神的巫觋来实现。

儒者本来就是祭祀仪式的主持者，孔子对于神祇存而不论，由此奠定了传统儒家对神祇的基本态度，即“因神设教”，也称“神道设教”。语出《易经》的观卦，其彖辞称：“观天之神道，而四时不忒。圣人以神道设教，而天下服矣。”其象辞称：“先王以省方观民设教”。把神灵和教化结合起来，把普通百姓不能认知的种种神祇作为教化的手段，通过百姓对神祇的崇拜养成良好的民俗。对圣贤智者来说，虽然知晓神祇的由来，但也会通过祭祀形成对天地的敬畏，从而约束自己的行为。出于这种思路，历朝历代，特别重视祭祀礼仪，把它作为治理社会的基本手段。用现代眼光来看，所谓因神设教，实际上就是借助非人力的神祇，培养和训练人们的行为习惯。正因为如此，各个朝代都十分重视祭祀的“正”与“淫”。凡是那种隐含不良理念、助长不良行为的神祇，被称为“淫祀”，要动用政权力量清除或者禁绝，以防其把民众引向歧途。西汉成都有位著名卦人严君平，谈到占卜算卦的正面作用说："卜筮者贱业，而可以惠众人。有邪恶非正之问，则依蓍龟为言利害。与人子言依于孝，与人弟言依于顺，与人臣言依于忠，各因势导之以善，从吾言者，已过半矣。"（《汉书·王贡两龚鲍传》序）说明了占卜之效。

从管理学角度讲，"神道设教"可以在一定意义上理解为训练人们的"盲从"行为。如果去掉盲从一词的贬义就不难发现，所谓盲从，不过是人们知其然而不知其所以然的行为。尽管人们的认知能力在不断提高，技术手段在不断发展，然而，只要不是全知全能，总会有盲从的成分。因此，类似于因神设教的管理手段，在如今也比比皆是，而且不是简单地"破除迷信"就可以消除的。如果剥去神祇因素，我们会发现，如今的不少管理方法，是没有神祇的因神设教。大到对一种意识的信仰，小到对公司创立人的崇拜，无非是要人们在理性不及的情况下保持某种行为习惯。所以，弄清因神设教的原理机制，对更恰当地运用这种管理手段不无裨益。

首先，因神设教作为一种特殊的管理手段，采用者需要明确它的边界。凡是有"神"的地方，就是人们未知的地方。一旦理性所及，因神设教就不再具有积极作用。古人对日月的敬畏，对日食月食的恐慌，来自于对其不了解。掌握了天文学知识后，这种敬畏就逐渐淡化。所以，因神设教有着严格的边界，即在人力可解决的问题面前不得求助于神。古人占卜的原则"无疑不占"，就是遵循这一边界。如果管理者在人们已经普遍认知到规律机制的地方搞神道，只会遭到反弹。同理，因神设教不得妨碍民智的发育，它训练人们的不知而为，却并不妨碍人们求知。一旦用神道打压人们的求知欲望和实践，就会适得其反。

其次，因神设教目的在于增进个人努力。它要激励人们做出自己虽然不知却符合“神意”的行为，绝不是放弃个人努力听天由命。古代的占卜算卦，也是为行为服务，没有行动的准备，决不占卦。所谓“诚则灵”，是要当事人通过自己的努力来表现出诚，进而达到灵，而不是放弃自己的努力等候天赐。面对“神”，不论管理者知道多少，都需要认真斟酌。如果这个“神”助长不劳而获行为，鼓励人们放弃自己的奋斗，它就是“懒神”。如果一个公司管理层形成某种“懒神”信仰，这个公司的状况只能江河日下。

再次，因神设教在价值观上要着力于塑造善念。它要增进社会良俗，绝不是培育恶习。在古代，如果信奉诲淫诲盗的“四通神”之类，就会遭到国家不客气的清理。儒学礼仪中尊奉的神祇，都同仁义礼智道德廉耻相关。当今的许多社会问题，乃至公司内部的管理问题，究其实质，往往是来自于人们对某种“恶神”的信奉。如信奉金钱万能，信奉丛林法则，推崇暴力等。套用儒学词汇，这种信奉可称为“现代淫祀”(淫为泛滥、过头、奢侈之义)。当今一些为社会正道所不齿的神人，倒台的原因就在于犯了这一忌讳。

最后，敬仰还是工具，是因神设教的底线。神祇只能敬仰，一旦把神祇作为某种工具玩弄于股掌，就可能遭到报应。在公司管理中，特别要注意的是，高层信誓旦旦要求下层信奉某些东西，而自己在心中并不信奉，看到下级的信奉，还以中了自己的圈套而自豪。这种因神设教已经完全变味，厚黑之风会因之而愈刮愈烈。管理者需要切记，因神设教如果处理不当，“懒神”“恶神”就会泛滥成灾。

因神设教与制度规范的关系，需要从意志与理性的关系角度深入展开研究。

46. 诚信还是控制：商鞅“徙木立信”再评价

威信往往连用，商鞅的做法显然是立威。如果把立威捎带来的“不欺”看作诚信，恐怕商鞅也会暗中发笑。

信用在一个社会中是十分重要的。孔子曾经有过“民无信不立”的断言，他对食物、武装、信任三个因素进行优先选择时，把信排列在食、兵之前。后来无论官方还是民间，都十分看重信任的作用。于是，就有了许多关于立信的故事和说教，商鞅“徙木立信”就是一个广为流传的事例。

《史记·商君列传》中记载的这个故事很简单：商鞅在制定了变法新令后，恐怕民众“打酱油”，于是采用了这样一个特殊手段。“令既具，未布，恐民之不信，已乃立三丈之木于国都市南门，募民有能徙置北门者予十金。民怪之，莫敢徙。复曰：能徙者予五十金。有一人徙之，辄予五十金，以明不欺。卒下令。”

这里的“不欺”，固然有讲诚信守承诺的含义，所以，从悬赏角度称之为“徙木立信”并无大错。但是，如果认为这种手段可以建立起信任关系来，就有点变味。如果把它作为中国古代政府守信的典范，则口味太重了一些。因为商鞅要建立的不是一般的诚信，而是威信。

诚信作为复合词，诚即信，信即诚，同义强调，而威信作为复合词，必须考虑“威”的义项，且以威为主。商鞅“恐民之不信”，是担心民众不相信政府法令的有效性；给徙木者悬赏且兑现，所表明的“不欺”，是宣告政府变法的决心和气魄。所以，其意义在于立威，而不是单纯讲信。以“十金”作为搬动一根木头的报酬已经超出常理，无人敢搬的原因在于不合市场行情，不知背后有何猫腻。再增加到离谱的“五十金”，直到能够吸引别人做出冒险为止。虽然历史不能假设，但我们不妨推演一下：如果五十金依然没人搬，那么，按照商鞅的性格，有可能再加到五百金也说不定。反正，要一直加到能够刺激有人出头为止。而这种离谱的加码，一方面是宣告政府说话算数，另一方面是宣告不管政府行为多么不可思议也必须服从。其隐含的台词是：即便政府“躲猫猫”，民众也不能“打酱油”。其实，这种以悬赏表示威权的方式，历史上有多人做过。例如吕不韦、刘安等人都曾经以“一字千金”或者“一字百金”的方式抬高自己“专著”的地位，其立威的用意更加明显，而同立信渐行渐远。

同商鞅在这一方面较真，是为了使我们今天更清楚地看到诚信建设中的某些偏失。尤其当今依然有不少人偏爱商鞅，以立信为名，以立威为实，更需要反省。

首先，管理活动中的诚信，确实需要做到令行禁止，但令行禁止不等于诚信。商鞅的徙木立信，目的在于让民众无条件地相信政府法令。他甚至不允许民众观念的转变。秦国的民众有起初声称法令不便而后来又改口说法令之便者，被商鞅列入“乱化之民”，发配边远地区，“其后民莫敢议令”。无论是国家管理还是公司经营，依赖于赏罚的外在压力迫使当事人不得不遵守相关规定（不管是出于利诱的乐于遵守还是出于威胁的恐惧遵守），都不是真正的诚信。诚信是一种信任，而不是一种控制。商鞅式的立信，其要害不在信任而在服从。以此推论，任何对组织成员强化控制的手段，都不可能增进下属的信任。恰恰相反，只有在解除各种控制手段的情况下，上下都能信守承诺，才有可能走向真的诚信。当然，对失信行为的惩罚不可缺少，一旦对失信者不予惩罚，等于鼓励欺骗。但是，仅仅停留在对失信的惩罚和对守信的奖励上，所增进者依然是威信。从威信到诚信，要有一个从外在强制到内在自觉的转变。对于管理者而言，必须认识到立威不等于立信，诚信建设才可起步。

其次，诚信必须面对“法不治众”问题。商鞅之所以采用徙木手段，是忧虑秦国民众的不服从，所以，他要以徙木令表示治众的决心。而不管徙木令是否符合众人的愿望。其要约性质不是双方讨价还价的交易，而是单方宣布的条款。所谓徙木立信，所立的是生杀威权。对徙木者赏五十金，与对不徙木者杀头治罪是同一逻辑。今天的社会已经不再具有商鞅时的情境，所以，依赖于“典型奖励”和“杀鸡儆猴”来对付属下的普遍不服从，已经不存在大众认可的正当性。凡是违法者众而守法者寡，就要反思法是否符合众意，而不是单一增大法的力度。公司经营中，当出台某个制度而大家都不遵守时，领导人就必须考虑这个制度是否具有正当性。当一个法令得不到多数人赞同时，这个法令就带上了某种恶法性质。

第三，契约不是诱饵。商鞅徙木报酬由十金加至五十金，其目的在于引诱而不是真正的酬劳。今人则不可能像商鞅那样，以特殊诱饵要约吸引另一方，达成协议后则任何后续条款都得服从。商鞅徙木的用意，在于以此告知民众，政府说话算数，今后任何法规都要无条件服从。尽管今天商鞅的社会已经不复存在，然而，以优厚条件招商，然后“关门打狗”；以高额报酬引人上套，然后尽情盘剥。这种手段的后果，不是诚信而是欺骗。一旦管理方以诚信的名义欺骗，被管理方就会报以积极或消极的抗争。如果直接以玩弄文本或者利用语言歧义等欺骗的手法诱导对方上钩，那就与诚信背道而驰。

最后，从经济学角度看，诚信的本质是降低交易成本，而商鞅式的手法单从徙木行为看是不计代价的。徙木而给予五十金的报酬，绝不是正常价码。商鞅的真实用意，在于用这种方式大幅降低变法中的制度交易代价，剥夺民众的讨价还价能力，甚至以此彻底取消民众的讨价还价权利。由此，制度变成单方获益的霸王条款。今天的公司管理中，如果以这种方式来降低交易成本，只会加剧劳资冲突。商鞅自己的性命，就断送在这种冲突之中。

所以，要建立社会诚信，今天不可再学商鞅。如果依然直接或者变相以商鞅为楷模，轻则下属心不悦诚不服，把被迫服从当作诚信；重则加剧组织矛盾和冲突，引发此伏彼起的对抗。

47. 管理离不开情境：“扫屋”和“扫天下”之辩

人们为何欣赏鸡汤文？因为它几乎放之四海而皆准；人们为何讨厌鸡汤文？因为它离开情境等于什么也没说。

中国古代的典籍，从《论语》开始，出现了格言式的“语录体”。后来通过不断精炼提升和归纳总结，越积累越多的格言警句，已经成为中国传统文化的一种重要资源。

在现实生活中，人们对待“语录体”的态度往往截然相反：有人十分反感，认为所谓格言警句不过是大话空话；有人赞不绝口，认为正是格言警句浓缩了待人处事的道理精华。有趣的是，这些历史名言，几乎都存在着截然相反的两种内涵。

例如，“成大事者不拘小节”和“一屋不扫何以扫天下”这两句均源自《后汉书》的说法，含义明显对立[①]。那么，难题就摆在人们面前，究竟是“细节决定成败”，还是“缺乏宏大理想则一事无成”？

如果稍加引申，不难发现，这种背反现象在处世格言中比比皆是。拿教师来说，既有“教不严，师之惰”的警示，以及“一日为师，终身为父”的荣耀，又有猫为虎师而不教其上树本领的民间智慧。那么，教师教学生该不该“留一手”？

即便是孔子自己，也存在着这种冲突。一方面，他老人家教导学生要“言忠信，行笃敬”（《论语·卫灵公》）、“敬事而信”（《论语·学而》），甚至说出“人而无信，不知其可也”（《论语·为政》）；所以，他的学生曾参以“与朋友交而不信乎”作为每日三省的内容之一（《论语·学而》），子夏以“与朋友交，言而有信”作为衡量学人的标准之一（《论语·学而》）。但另一方面，孔子又说“言必信，行必果，硁硁然小人哉”（《论语·子路》），把那种死守信义的固执之徒看作浅薄小人，勉强算作君子也不大合格。孟子干脆把孔子的后一思想发挥为“大人者，言不必信，行不必果，惟义所在”（《孟子·离娄下》）。那么，到底要不要讲诚信？

更进一步，这种二律背反干脆在格言中走到一起，比如，“害人之心不可有，防人之心不可无”，逻辑上完全是悖论，

① 此二语的当代流传含义与原意不一样。《后汉书·虞延传》载：虞延“性敦朴，不拘小节，又无乡曲之誉”，后为光武帝赏识起用。《后汉书·陈蕃传》载：陈蕃“年十五，尝闲处一室，而庭宇芜秽”。薛勤批评他说：“孺子何不洒埽以待宾客？”陈蕃回答说：“大丈夫处世，当埽除天下，安事一室乎！”

但却组合得十分和谐，没有国人认为不正常。当代哲学家金岳霖就遵从形式逻辑推论中国谚语“金钱如粪土”“朋友值千金”的结论是“朋友如粪土”，以揭示国人不讲逻辑之弊。

弄清这种矛盾现象的内涵，是理解和评价传统文化的前提。否则，就会各取所需，争执不下。现实中，有两种做法，一种是把格言作为座右铭，作为自己的人生指南，同时也作为管理活动的基本准则。持这种观点的，以普通人居多。另一种是完全否定格言的价值，持这种观点的，以科学家居多。例如赫伯特·西蒙，他曾经专门写过一篇文章《行政谚语》，批评这种格言的互相冲突，认为它们丝毫没有学术价值。尤其是那些强调思维逻辑和科学实证的学者，往往反对把理论建立在格言基础上。对此，无论赞成哪一方，都跳不出非此即彼的窠臼。

严格意义上，这种格言，是一种经验的总结。而经验的多样性，自然而然会形成格言的矛盾性。所以，对于管理活动而言，这种格言，只能给人们提供一种经验意义上的警示，而不能提供可操作的预案。即便是信奉这些格言的人，在面对具体的实际问题时，到底采用符合哪条格言的行动，有待于自己根据具体情境作出判断。正因为这种格言脱离了情境，所以西蒙才彻底否定它。但同时我们还要看到，正因为不受具体情境的束缚，所以信奉格言的人总会在具体的情境中找到适当的格言。比如，一封商业函件，因为一个词的误用，可能会失去一个重要的合作伙伴，这时，“扫屋”和细节，就具有决定意义。然而，一次战役，过于斤斤计较一城一地的得失而使对手占了先机，则“不拘小节”就成为恰当的提醒。

管理活动离不开情境。西蒙进行的决策研究，是从掌握具体情境的信息开始的，所以，他把那种脱离了情境的“原则”看作格言，认为格言在科学层面没有价值。而对情境十分熟悉却拿不准行动原则的管理者，则要根据经验找出应对这一情境的行为方向，格言当然能够起到参照作用，起码能坚定选择的信念。所以，对于管理格言，不妨这样对待：情境和事实没有问题时，它可以帮助人们进行价值选择；事实不清信息缺乏时，它会助长人们的盲目和幻觉。

管理思想史的研究，则要防止对格言警句思想意义的夸大。作家周泽雄有言：考察中国传统思想，最要不得的，就是寻章摘句。如果寻章摘句，几乎世界上一切先进的思想，博学之士都可以在古人那里找到个把句子，但思想只有成为一个系统，才可以辨识。作为传统的思想，我们还应该清晰把握住它的传承脉络，才可以确认它。仅仅从古人那里摘出几句格言式的东西，其实做不得数。

48. 瘦狗还是金牛：大运河的是是非非

隋朝大运河不仅仅在修建中过度使用民力，更重要的是它的作用为正还是为负？如果判断不当，就会南辕北辙。

大运河是中国历史上的著名工程，修建大运河的隋炀帝也为此背上了千古骂名。从唐朝至今，如何评价大运河，一直是一个历史焦点。纵观古今史册，关于隋炀帝开运河的评价尽管很多，但对运河的历史功绩大都是高度肯定的。当今一说起大运河，往往以“南北大动脉”来形容，尤其是谈到大运河在建成以后的作用时，几乎全是赞扬之词。因为大运河的客观功绩，为隋炀帝鸣冤叫屈的文章也不在少数。即便是批评隋炀帝者，也往往是从滥用民力、征发过度、劳民伤财、好大喜功等角度分析，对大运河本身并不否定。可以说，这些评价都有自己的道理，也在一定程度上符合客观事实。但是，总在某些方面似乎不大对头。

从经济学的角度看，很容易计算出大运河的客观功效来，而且可以从多个角度算账。例如，运河通航后，南北物流总量的增加，水运和陆运相比运输成本的下降，运河对沿途城市发展的带动，等等。毫无疑问，这些方面都有可观的收益，而且还有显著的后续效应。直到今天，运河的大半段还在发挥作用。中国古代的历史资料中缺乏系统性的数据统计，如果有数据系统，用量化方式表达出运河的历史成就并不是什么难事。可以说，肯定大运河的历史功绩，几乎已经铁板钉钉。

问题在于，历史账能不能这样算？运河带来的物流量肯定是客观存在的，经济学家或者数学家的长处，是能够把这种物流量算得清清楚楚，只要原始数据没问题，那么，量化处理就是小菜一碟。但是，这种量化分析的不足，是缺少对研究对象的质性判断。就以京杭大运河而言，首先需要弄清楚的，不是它有没有流量以及流量多大，而是先要弄清它是供应养料的“动脉”还是抽取资源的“吸管”。中国古代的城市尤其是大型城市，同西方中世纪形成的自治城市在性质上大不相同。中国传统的城市，是靠广大农村供养的统治中心，而西方中世纪的城市，是制约国王和诸侯权力的自治主体，所以才留下一句名言“城市的空气使人自由”。在中国古代有个很有意思的现象，城市通向农村的交通越发达，农村被城市盘剥得越彻底，近代以前这种状况基本没有多大变化。而在欧洲，自治城市越发达，封建诸侯的日子就越不好过。在中国古代统治者的权力缺乏规制的情况下，像修建运河这样在当今看来明显对经济发展有利的交通手段，在当时的情况下究竟是推动了经济的发展，还是加速了地方的凋敝，需要有更多的研究角度和全面的论证方法。起码有一点是无疑的，运河极大地扩展了城市通向农村的触手。有些学者及其研究成果的不足，在于过分看重运河的流量，而忽视了它的财富吸管性质，从而使其结论经不起质疑。唐代诗人李敬方在《汴河直进船》一诗中说得很清楚："汴水通淮利最多，生人为害亦相和。东南四十三州地，取尽脂膏是此河。"而今天有许多学者却对此视而不见。

此例提醒我们，绝不能以今度古，把今日的概念下意识地套用到对古代事物的意义判断上。今天我们说"要致富，先修路"，在古代可能修路反而加剧贫穷。常常有些人强调，秦始皇时期在全国修建的驰道改善了当时的交通，几乎没有人注意到驰道是"官道"，基本用于公务出行和军队调动，同民间几乎无关（后来的官道才对民间开放），所以它只具有强化统治的意义而没有社会进步的意义。再如，今天我们常常可以看到地方政府组织干部下乡以推动基层经济发展，然而在古代，"干部下乡"恰恰是祸害乡里、鱼肉百姓的渊源。所以，宋元明清时期，知州知县的一个重要管理方式，就是严禁吏胥下乡，防其扰民，只是在确有必要的情况下由长官发签才可下乡。《名公书判清明集》中，就有多篇公告和判例禁止公人下乡。原因其实很简单："巡尉下乡，一行吏卒动是三五十人，逐日食用何所从来，不过取之于百姓而已。所过之处，鸡犬皆空，无异盗贼，况有出于鸡犬之外者乎？"所以，禁止下乡等于保护农民不受侵害。如果有人看到古代某州县公人大批下乡，就断定这一举措属于勤政爱民，肯定能够推进农村建设，岂不成了笑话？

推而广之，即便是今天，同样是流量数据，类似于是“动脉”还是“吸管”的判断逻辑，依然十分重要。运河的开启，首先要弄清楚是推动了经济繁荣，还是方便了赋税转运乃至征集花石纲。交通以外的公务商务，都有类似问题。20 世纪 80 年代在全国普遍进行的“地改市”，其目的之一就是利用中心城市的优势带动周边农村县区的城镇化，但在实施过程中，有些地方反而出现了周边县区要为中心城市输血以加快城市建设的现象，“大树进城”就是表现之一。在企业经营中，数据显示明明是波士顿矩阵的“金牛”，但其实际效果却恰恰是“瘦狗”的现象屡见不鲜。克里斯滕森所说的“破坏性创新”，究其本质而言，不过是把常人眼里的“金牛”看作未来的“瘦狗”而已。对于现实经营者来说，我们更需要提防的是那些“瘦狗”在当下打肿脸充胖子装“金牛”。没有破坏性创新，你可能没有将来；而在眼下发生动脉和吸管、金牛和瘦狗的误判，你现在就过不去。产品如此，管理措施也如此。行为主义心理学家斯金纳曾经以充分的证据告诉人们，彻夜啼哭不止的儿童，往往把年轻的母亲折腾得苦不堪言，然而当母亲的却没有意识到，正是她照看孩子的方式，给孩子的哭闹提供了正强化。儿童的哭闹，毫无例外都是母亲（或者保姆）自己培养出来的。我们有大量的企业家和经理人，往往以消除孩子哭闹的主观愿望，实际从事着引发孩子哭闹的工作；自以为培育的产品是金牛，实际养育出瘦狗；认定了某一渠道是动脉，结果却不过是吸管。这种现象，值得深思。

49. 虚张声势为哪般："空城计"的启迪

空城计在古代也极为少见，它是黑天鹅而不是灰犀牛。只有在绩效指标发生偏移时，空城计的变种才会滋生泛滥。

"空城计"的故事，因为《三国演义》一书的流传而广为人知，由此衍生的京剧"失空斩"更加脍炙人口，只要是票友都会唱上两句。但是，关于空城计的争论也一直存在。学界公认，根据各种史料，诸葛亮采用空城计的故事纯属小说家言，子虚乌有。

然而，仅仅说诸葛亮没有用过空城计，并不能平息人们对这个问题的好奇。尤其是《三十六计》中，把"空城计"列在第三十二种，称：“虚者虚之，疑中生疑，刚柔之际，奇而复奇。”前人为《三十六计》所加按语中，举出唐代张守珪守瓜州、北齐祖珽守北徐州之例，作为空城计的实证。由此，人们不难会得出结论：诸葛亮没有用过空城计，不等于空城计就不能成立。张守珪、祖珽不是用过吗？如果空城计无用，古人为何要把它列入三十六计？再进一步，对三十六计到底应该如何评判？管理中能不能走三十六计的套路？易中天在“品三国”时，声称虽然诸葛亮没有使用过空城计，但曹操使用过，从而又在社会上增加了许多点评和争论。

首先，我们从经验层面看看空城计能否成立？从《唐书》的记载看，张守珪守瓜州的空城计确有其事，而《北齐书》记载的祖珽守北徐州就很难算是空城计（更确切地说祖珽的策略不过是一次伏击而已）。更符合空城计性质的，是南北朝时济南太守萧承之对抗北魏的故事。这个事例钱锺书在《管锥编》中引用过。《资治通鉴》元嘉七年十一月是这样记载的：

“魏兵攻济南，济南太守武进萧承之帅数百人拒之。魏众大集，承之使偃兵，开城门。众曰：‘贼众我寡，奈何轻敌之甚！’承之曰：‘今悬守穷城，事已危急；若复示弱，必为所屠，唯当见强以待之耳。’魏人疑有伏兵，遂引去。”

显然，萧承之的举措，是典型的空城计。如果我们以“虚者虚之”来衡量，把那些真正设伏的、诱敌的，或者先用计而后坚守（即先虚后实）的事例统统排除在有效的空城计之外，那么，空城计还是存在的。哪怕只有萧承之这么一例（实际远不止这一例），也可以使空城计得到经验支持。所以，空城计作为一种计谋，可用而且能用。

其次，我们更需要辨析，空城计如果可用，由谁来用？尽管资料不齐全，信息不完备，但我们大致可以判断，空城计属于小概率事件。历史上的攻城守城案例多得数不清，但空城计案例寥寥无几，这起码说明空城计不属于常用计谋。对于小概率事件，管理者应该重视，但更要谨慎。比尔·盖茨当年退学后创办了微软公司，但如果某个决策者提出大学生都应该向盖茨学习，号召大家退学创业，我们只能说这个决策者脑子有毛病。当然，不同角色在这个问题上的态度，会有角色差别。对于以创新为己任的企业家来说，更为关注盖茨是正常的；但对于常规管理的学校经理人来说，应当更为关注学生的正常学业。这是角色差异，而不是智力差异。所以，职业经理人的决策，一般不能采用空城计方案；而企业家从创新出发，偶尔不妨一试。克里斯滕森提出的“破坏性创新”（Disruptive innovation），就是对这一问题的逻辑解释。我们不妨假设一下，一个企业的技术开发负责人，脑子里不断冒出新想法是很自然的，他的新想法有可能会使企业的正常运作被打乱甚至被颠覆，这也是可以理解的（尽管从事实务的管理者可能对此牢骚不断），哪怕他有着“抽风”“神经”的绰号，实际上也无伤大雅。然而，他的这种“抽风”举措，能够付诸实践的十分有限，少之又少。否则，企业将无法运营。反过来，各级经理人（尤其是中层），决不能有任何稀奇古怪的“抽风”举措，必须做到循规蹈矩，但对创新发明者要能理解，并大度容忍他们对秩序的干扰。这两类角色之间有点摩擦实属正常，只要不是水火不容，反而可以形成良性制约。这些年，我们的各种组织似乎创新不断，有些已经变成了折腾，恐怕与大量经理人争当创新者有关。而我们真正需要创新的领域却走向山寨，最应该创新的科研工作者，学会了论文制造模式就开始流水线生产，恐怕正是相关制度把思想者变成了学舌鹦鹉。管理中的角色错位问题，值得学界认真研究，起码应该看到“出奇”和“守正”的角色差异，何况是“奇而复奇”的空城计！

最后也是最重要的，空城计的实施需要什么外在条件？回到张守珪和萧承之的事例，我们不难发现，即便在这样的小概率事件中，也有某种共同性。张守珪面对的是吐蕃，萧承之面对的是鲜卑，他们都属于游牧民族。游牧民族对农业民族的冲突有个特征，即不以攻城略地为目的。对于他们来说，打仗是为了抢掠，而不是为了永久占领。所以，面对城池，能打下来就打，打不下来换一个地方照样能实现目的。如果防守坚固，进攻的损失惨重，即便打下来也不划算。而在冷兵器时代，城池是抵御马队的有效工事。除非有特殊的政治需要和军事需要，游牧民族一般不会在进攻城池上支付巨大成本。正是这种心理，使张守珪和萧承之具备了实施空城计的可能。而诸葛亮的空城计之所以不可能，就在于街亭和柳城是司马懿的必得之地，由此波及西城必失——管你空城不空城，都是曹魏要永久占领的。

以此推论，空城计在古代军事上是小概率事件（黑天鹅），但在当代却可以滋生出它的变种，出现向高频率事件（灰犀牛）演变的趋势。一旦进攻者可占可不占，就可能出现虚张声势的空城。社会只需要论文而不需要学术时，有的论文就会在城头支起架势以掩盖城中无兵；政府只需要产值而不需要生活时，有的民生工程就会变成政绩工程；企业只需要钱财而不需要服务时，有的产品就会出现假冒伪劣。这些，已经超出传统空城计的范畴。

50. 人心优先于利益：《曹刿论战》的情与理

决策需要权衡，鲁庄公把利益恩惠放在第一位，而曹刿把民意支持放在第一位。要赢得民意，靠的是情理上的公正。

作为领导人，在率领部下从事某种事业时，必须要回答一个基本的问题：靠什么让部下为你卖命？《左传·庄公十年》记载的“曹刿论战”一段很精彩的对话。曹刿问鲁庄公：“何以战？”鲁庄公回答了三条。第一条是衣食不敢独自享受而分给别人。曹刿反驳道：“小惠未徧，民弗从也。”第二条是祭祀神灵一定诚实无欺。曹刿又反驳道：“小信未孚，神弗福也。”第三条最为关键，原文是“小大之狱，虽不能察，必以情”。对此曹刿予以肯定，称：“忠之属也，可以一战。”也就是说，在曹刿眼里，惠、信、忠三者，小惠、小信都靠不住，只有忠才是支持作战的因素。

曹刿所论，自有他的道理。以物质条件惠及别人，肯定不是普惠，没有得到恩惠的人不会追随你。祭祀神灵守信，民众不能受益，只是一种小信，也无法动员民众。只有司法的公正，才能得到民意的支持，可以作为战争的依赖。问题是司法公正如何实现？曹刿赞赏鲁庄公的，是“必以情”。但是，正是这个“情”字，当今多有误解。

按照《说文》的解释：“情，人之阴气有欲者。从心，青声。”作为对照，《说文》对“性”的解释是：“性，人之阳气性善者也。从心，生声。”这种解释显然受到古代人性论和阴阳学说的影响，不足为据，但它却提醒人们，一定不能忽视“从心”。从汉字的造字原理看，凡是“从心”的汉字，都同心理有关，是一种主观状态。如果要解释鲁庄公这段话，可以这样说：大大小小的各种案件，虽然不可能一一明察，却一定要按照人情处理。这样理解“情”，才能同“忠”对应起来。忠者，敬也，“尽心为忠”，都是心部。然而，当今的解释中，往往用“实情”一词，抹掉“情”的心理痕迹，或者干脆模糊处理，轻轻带过。而“实情”一词，在当今语境下，很容易把人们引向“事实”。把“必以情”变成“以事实为准绳”，乾坤大挪移就是这样实现的。

也许有人会批评说，“情”正是司法公正的大害。君不见对司法公正的破坏莫过于徇情枉法。对此需要指出，枉法才是问题的根本，“徇情枉法”的徇情，只是导向枉法的动力而已。如果徇情而不枉法，还会有问题吗？法度来自习俗，天理来自人情（宋儒把天理与人情的关系颠倒了）。如果法律不能反映出人情所向和人情所好，法律的意义何在？俗语中的“法不容情”的“情”是有条件的，即不容私情。包公的铡刀，不容私情，却要顺应民情。把法和情完全对立，是对工具理性的僵化理解造成的。如果承认人类的情感具有某些共性，即古人所谓“人同此心，心同此理”，那么，人情和法律实际上是可以协调的，而且应该协调。在某种意义上，“法不责众”的困境，正是法律违背人情造成的。退一步说，是否符合人情就肯定公正？这就需要看如何理解公正了。鲁庄公也承认，各种案件不见得都能明察秋毫，但是，只要“必以情”，人们就不会失去对司法公正的期望，这才是关键。

所以，曹刿告诉人们，实际支撑战争的，除了利益，还有心理。然而，当今对《曹刿论战》的解释，往往抽去其中的心理因素，只谈以民为本而不谈司法公正。至于把“忠之属”解释为鲁庄公忠于职守，还是解释为建立君民之间的忠诚关系，都可以说得通。古人以“上思利民”把它解释为忠于职守，似乎狭隘了些。但即便狭隘解释，也强调的是心理。最关键的是，不能忽视司法中的“情”字。甚至需要强调，没有通情，就不可能达理。对于今人来说，收拾人心，比物质财富更重要，起码同等重要。当今有些案件的判决，有些政务的处理，有些生意争端的解决方式，有些公司的经营策略，不见得不合章法，但却会失去人心，就是因为缺乏“必以情”的警诚。对于“情”的缺失程度，恐怕不能低估。这样说，丝毫不否定法制的作用，而是希望实现法制与人情的一致。在简化字中，当我们为了书写方便把“愛”字的“心”去掉且用制度化方式推广时，可能制度创立者也没有意识到，这会使人们无意识地淡化爱心的心理一面，乃至于把爱变成物质满足。孔子曾经批评把孝道仅仅看作养活老人的做法，说：“今之孝者，是谓能养。至于犬马，皆能有养。不敬，何以别乎?”（《论语·为政》）至今仍是必要的告诫。

作为管理者，一个最重要的能力就是权衡和排序。《曹刿论战》强调“忠”，但并不能因此就把“惠”和“信”弃之不顾。不要看到“弗从”“弗福”，就断言曹刿否定了二者。曹刿和鲁庄公的不同，在于三个因素的排序。鲁庄公的排序是物质、神灵、司法，而曹刿的排序把司法列在首位。这种排序差异，是因为两人对这三种因素影响民心的权重判断不同。《左传》记载简略，实际上，两人应该有较多讨论。假定鲁庄公一口咬定“难道衣食不重要”？讨论就无法进行，共识也无法达成。这可以说是这篇文章的弦外之音。

另外，《曹刿论战》的重心，在于因“肉食者鄙”而引发的讨论，而不在于长勺之战的具体描述。曹刿以自己的见解，去校正鲁庄公的认知偏差。当然，曹刿也不见得全正确，但由于他同鲁庄公的思路和角度不同，所以能够提供出有价值的观点。然而，今人在读《曹刿论战》时，往往偏重于“齐人三鼓”和“一鼓作气”的战术分析，偏重于“视其辙乱，望其旗靡”的战场观察。这种偏好，同《曹刿论战》的流行语境有关。作为《左传》记载的一个案例，《曹刿论战》的流行及其收入中学课本，是同毛泽东《中国革命战争的战略问题》提到它紧密相关的，而毛泽东十六字方针中的“敌疲我打”直接源于此。认识到这一点，可以对如何看待传统文化形成更深入的思考。

第十章　诚信：中西的差别与融合

51. 伦理式诚信与契约式诚信：晋商与关公精神

中国传统的伦理式诚信与西方中世纪兴起的契约式诚信不是一回事。弄清这种差别，才有可能真正重建诚信。

工商领域的诚信问题，关系到中国现代化的走向，也关系到企业经营的可持续性。因此，诚信向来被学界关注。中国古代浩如烟海的史籍，留下了极多的诚信资料，也记载了丰富的诚信案例，所以总被学者们拿来说事。但如果仅仅限于为现在寻找参照或者简单比附，难免失之肤浅。

例如，在介绍与研究晋商的文章书籍中，几乎离不开诚信问题。有案例，有分析，还有总结概括，正面反面似乎都说得差不多了。但是，对那些谈起晋商来跨越时空甚至天花乱坠的说法，我总有个疑问：晋商式的诚信，能否复制到当代来？或者换个问法：以晋商为代表的富有中国传统特色的诚信，能否使中国走向世界？走向现代化？

之所以产生这种疑问，关键在于晋商式的诚信具有特定的含义。概括而言，这种诚信是一种伦理式诚信。而西方兴起的现代化模式，在它们的土壤里诞生出的是另一种诚信，即契约式诚信。二者的不同，不可不察。

讲述晋商的诚信已经有很多文章，无须本文饶舌。但有一个现象，却没有被学者们深究，而这个现象恰好鲜明地反映了晋商诚信的特色。这就是晋商的诚信与关公崇拜的关系。凡是晋商，没有不供奉关公的，在关公身上，或许可以解读出晋商诚信的内在机制。

关公是中国民间妇孺皆知的人物。如果说孔子的形象过于高大，老子过于深邃，庄子过于豁达，孟子过于迂阔，荀子过于理智，韩非子过于峻刻，从而妨碍了社会认同他们的普及效果，那么，关公则是一个朝野上下、三教九流都能高度认同的光辉形象。儒者可以接受他的彻夜读《春秋》，侠者可以模仿他的“千里走单骑”，统治者赞扬他的忠贞不贰，老百姓感叹他的义薄云天。就连金庸武侠小说中的流氓韦小宝，也都要处处学习关云长。看到《鹿鼎记》中韦小宝摇头晃脑大讲“关云之长”和“诸葛之亮”的滑稽时，我们不禁感叹，金庸塑造的这个人物，深得中国传统文化的精髓。

关公在传统中国被尊崇为“武圣人”，与孔子作为“文圣人”相对应。不管历史上孔子的名头多么吓人，在现实生活中却比不过关公，“武圣人”的实际社会影响是大于“文圣人”的。可以看到关胜于孔的一个明显例证，就是关帝庙建设到了村一级，而孔夫子的文庙不过建设到县一级。二者在民间的神力大小，由此可见一斑。最早由西方传教士马丁·马蒂尼1655年绘制的世界地图册（国家图书馆善本部有收藏），画上了每个国家的代表人物图像，中国的代表人物就是关公。

在晋商那里，关老爷比财神赵公元帅更重要。尤其是在各地的山西会馆或山陕会馆中，关公的神韵随处可见，不仅这些会馆供奉的主神是关公，而且会馆建筑的样式也基本上属于关庙格局。后来，关圣帝君干脆就变成了武财神。这不仅仅因为关公是出自解州的山西乡党，而且更是因为他身上包含了乡土中国的最高价值准则。否则，单纯从乡党关系上来看，同样是山西名人而且比关公早得多的介子推，为什么就得不到这份民间的殊荣？答案应该在关公体现的“三观”上面。

官方对关公的解释，重在“忠”字；民间对关公的崇敬，重在“义”字。忠和义，都是典型的伦理观念。关公的精神，立足于传说中的桃园结义。由此，诞生了许多脍炙人口的故事。忠义二字，是传统中国伦理规范的高度凝结。所有的晋商，在经营中都强调义字当先。所谓诚信，不过是义的表现形式而已。

但是，如果进一步发掘，我们就会发现，中国传统的“义”，是有逻辑对象的。就拿关公来说，他只会对刘备讲义，而绝不会对孙权讲义。曹操用尽方法，按小说的渲染是三日一小宴，五日一大宴，赏赐无数，尊崇无比，最后的结果却是“封金挂印”，不辞而别。对这种各为其主的“义”，曹操予以了充分的理解。否则，就体现不出曹操的大度。也就是说，关公这种义，是建立在事兄如父的纲常伦理基础上的。这一点，正是传统儒家学说强调的“亲亲”原则的演绎。

正是这种伦理，使传统中国构成了一个亲族社会和熟人社会。所有的道义，首先在亲族那里发挥作用，然后扩展到熟人圈子。这个熟人圈子会在社会活动中呈现出滚雪球式的扩大趋势，从最亲近的人向外逐次扩展，以道义决定的诚信强度也逐次衰减。虽然曹操没能赢得关羽对刘备那样的忠诚，但却也换得了小说虚构的“华容道”捉放之恩。如果完全是生人，那情况可能就有点不妙。君不见，《水浒传》里的李逵对宋江倒是一片忠心，然而挡了宋江之道的陌生人就倒了大霉，只有吃板斧的份儿。所以，中国人的道义以及表现这种道义的诚信，是看人下菜的。费孝通先生曾经把这种社会结构，精辟地概括为“差序格局”。

西方的社会发展过程，也形成了他们的诚信准则。但是，这种诚信，同中国人的伦理式诚信大不一样。他们的诚信，建立在契约基础上。中世纪的封建制，通过分封采邑建立了国王和贵族、领主和附庸的权利义务关系。附庸不履行兵役和劳役义务，领主就有权收回采邑；而领主不保护附庸，附庸就有权另找领主，或请求法庭给个“说法”。在这种局势下，贵族要忠于国王，但又可以反抗违背契约的国王。由此，产生了欧洲式的法制传统。以英国为例，1215 年，英国的封建贵族不满约翰王违背传统横征暴敛，在坎特伯雷大主教的领导下反抗国王，迫使国王签署了著名的大宪章。英国的宪政传统由此建立。当然，只要国王按规矩来，那就还是好国王。

这样，使得欧洲式的诚信是有条件的，这个条件不是以熟人、亲属为前提，而是以规定权利义务的契约为前提。契约的达成（不管是成文契约还是习惯契约都一样）构成了诚信的界限，一方的诚信，必须有赖于另一方履行义务方能实现。如果一方违约，甚至会导致兵戎相见，国王违约也不例外。这种兵戎相见不是中国式的叛乱或造反，而是国王也不得不认可的权利。欧洲后来的革命，不管是尼德兰、英国还是法国，其正当性皆源于此。

从这里可以看出，中国传统的诚信，以关公为其象征，实际上是一种伦理式诚信；而西方传统的诚信，以英国的大宪章为象征（其他欧洲国家也有类似情况），实际上是一种契约式诚信。这两种诚信最大的差别，在于中国的诚信所要承担的是道义责任，而欧洲的诚信所要承担的是契约（法律）责任。道义责任在一定意义上是无限的，而契约责任肯定是有限的。

最简单的如债务，在中国，是父债子还，而且天经地义；在欧洲，有着“附庸的附庸不是我的附庸”之语，即人身责任不能转嫁给他人。晋商当年不管东家投资多少，所有债务都必须由东家绝对负责。假如一个商号，东家的资本是十万两，而他的家产有上百万两，那么，这个商号超出十万两以外的债务绝对跑不了。如果东家的家产不够赔，也不要紧，他的保人、他的子孙，一个都跑不了也少不了。如果他只承担出资的十万两责任，多了不干，那就明显不合道义，路人也看不过眼，更不要说亲近之人，社会上下都会把他视为骗子。许多当今的研究者都认为晋商的无限责任模式对东家的压力过大，妨碍了晋商的资本运营，那是以今日的契约文明眼光来看晋商，脱离了当时的实际环境。试想如果有一个晋商创立了有限责任的模式，宣称他只承担与出资相称的债务责任，恐怕当时不会有人愿意同他做生意，第一个做不下去的恰恰会是这个“有限责任”发明者。当今有些学者进行所谓研究，似乎缺少这种时空概念。这里需要的是对历史“同情的理解”，如果板起面孔教训历史，结果只会被历史教训。

欧洲的情况恰恰相反。一名骑士，接受了封地从而承担了服兵役的义务，假如兵役期为三个月，兵役期内他得尽职尽责，三个月一到他会立马走人，多一天也不干。至于国王的安全，服兵役期间骑士不尽职尽责会失去荣誉，而期限一满立即与他无关。据说欧洲曾经有个国王就吃过这个亏。他在同邻国打仗期间，没有记准手下士兵的服役期，仗正打在节骨眼上，有一些士兵的服役期到了。这些士兵在到期的前一天还在顽强作战，到了服役期满这天，他们才不管打仗输赢，反正自己的责任已经尽到了，呼啦啦回家去了。

道义责任是不能用法律约束的，所以，靠的是自我约束，道德自律。当然，外在的压力也是有的，这主要表现为道德声誉的压力，由此形成了中国的“礼治”传统。中国传统的“月旦评”“物议”“舆情”之重要，在史籍中比比皆是。对于晋商来说，名声特别当紧，名声一旦倒了，那就彻底玩完。而契约责任靠的是法律约束，发生权利义务的争议就上法庭，即使是国王也要服从法律，由此产生了司法独立的雏形。如果国王不听法官的也不要紧，还有宗教领袖（大主教或教皇）可以仲裁，甚至动不动会请个外国名人来充当第三方。法国国王就干过几次给英国国王和贵族诸侯的冲突当调停人的事。显然，两种诚信有着巨大的差别。

52. 伦理式诚信的源流：从外人到自己人

古代中国部族国家的治理方式，决定了中国式诚信的遗传基因。这种基因在很大程度上决定着后来社会发展的历史走向。

中国的国家起源同西方不一样，所以，两种诚信有着起源上的差别。现实中的许多生物差异，要到遗传基因上找原因。历史发展的路径，往往也同“遗传基因”有关。

在中国古代的国家诞生之时，并没有打破原始社会的组织结构。以血缘、亲缘关系结成的氏族部落，在夏商周三代依然如故。所以，中国早期的国家，并不是现代意义上的疆域清晰的国家，而是按部族活动范围形成的。区分国民的标准不是居住地和职业分工，而是血缘和亲属关系。所谓宗法制、分封制、国野制，实际说穿了是同一回事。凡是本族，就是同国。“国人”即同族，“野人”即外族。这种状况，直到战国的郡县制出现，才有了根本的改观。

正因为中国古代国家是部族国家，所以，在政治统治上的原则是“亲贵合一”，在治理方式上是以礼治国。族长就是国君，家法就是国法。周公制礼，奠定了古代中国的基本格局。尽管后来政权形式发生了很大变化，但治国思想在西周已基本定型。秦始皇统一后，试图以法家思想为主导建立一个完全按照成文法治理的国家，结果很快失败。从汉以后的历代王朝，尽管在成文制度上继承的是秦始皇的遗产，但在统治思想上却继承的是西周礼治的遗产。所谓“汉家自有制度，以王霸之道杂之”。王道来自周公，霸道来自秦皇。那种有意无意推崇秦朝混一天下的人，往往强调“百代皆行秦政制”，但别忘了，应该加上一句“万世推崇周礼乐”才算公允。

这种体制下，亲属远近和等级差别就是十分重要的。没有它，社会就一片混乱。因此，按血缘、辈分等等区别远近贵贱，按族属关系管理社会，就是势在必行。所谓礼制，核心在“孝悌”二字。中国历史上形成的亲属称谓关系恐怕是世界上最为复杂的，实际上就是这种伦理型社会的符号结构反映。

这种社会结构，自然而然就产生了以“孝”治天下的基本方略。治国首先要齐家，齐家首先要修身，家国同构，由此而产生了忠孝同构，为国尽忠和为父尽孝是一个道理。《论语》已经说得很清楚：“其为人也孝弟，而好犯上者，鲜矣；不好犯上，而好作乱者，未之有也。君子务本，本立而道生。

孝弟也者，其为仁之本与！”（《论语·学而》）汉代选官，察举的基本科目是“孝廉”，就是这种准则在人才评价上的反映。历代王朝，对官员的“守制”（即辞职为父母守丧）格外重视，也是这种准则的折射。

中国传统社会以农立国，所以聚居基本固定，即所谓“安土重迁”。这样，使血缘和亲缘关系得到了进一步强化，而且与地缘关系交织互补。从中国以姓氏命名的村庄数量之多，就可以看出这一点。即使遇到战乱灾荒，被迫迁徙，往往也不打乱族属关系。中国的许多家谱都可以上溯多代，有些人不管是真是假，续家谱溯源头，祖先几乎要追溯到黄帝才算罢休。同姓之人，“五百年前是一家”成为口头禅。所以，哪怕社会有形的组织形式发生了多大变化，这种无形的伦理纽带不绝如缕。

随着社会的发展，狭隘的家族血缘关系已经不足以维系更为广阔的社会活动，于是，推己及人，由近及远，这种伦理观点和行为规范会洇染渗出到“外人”之中。最便捷和最基本的方式，是先把“外人”变成“熟人”，进而变成“自己人”。结拜就是改变人际关系的有效方式之一，刘关张的桃园结义，至今是人们的楷模。山陕内蒙古地区流行的“拜设”（即异姓结拜，有学者记其发音为“板升”，而且以“百姓”“堡子”等猜测乱加解释，似乎有鼻子有眼，实际上都与方言原意相差甚远。笔者原籍恰好与晋北接近，知道这一方言），就是外人变成自己人的象征。晋商对待“相与”，绝不是仅仅看作生意伙伴，更重要的是人际关系的伙伴。不理解这一点，就很难理解为什么晋商能与他们的“相与”真诚相待，做出无法用单纯的生意经来解释的行为。1936年，双发公的杨东家给复盛公的乔东家磕个头，就减免了他的一半债务（2.8万大洋），这在晋商中传为美谈。如果仅仅从商业互惠角度看待“相与”，可以说这种放弃债权是一种愚蠢；然而，如果从社会交往角度看待“相与”，这是精明无比的举措，乔东家赢得的是人望、道义和声誉。

只有熟人才讲诚信（生人当然也可以讲，但能不能兑现是无保证的），要把陌生人变成熟人关系，需要较长时间的人际磨合。而经商总有面对生人的时候。“一回生二回熟”，守信只能寄希望于下一回，如果对方只同你打一次交道怎么办？现今就有不少这种“打一枪换一个地方”的主儿。对此，晋商的策略是多管齐下，其中最主要的“管道”就是担保责任和官商勾结。从晋商开进蒙古草原开始，这种在陌生地区从事商业的策略就十分常见。依靠担保防止一次性诈骗，依靠官府对“生人”予以强制。直到如今，要在一个陌生地区开展生意，多半要靠在当地寻找一个具有担保意义的中介，即所谓“强龙不压地头蛇”。而商业经营要依赖官府的现象，依然具有广泛的市场。从“红顶商人”胡雪岩得到的青睐，就不难看出这种官商勾结的浓厚传统特色。所谓官商勾结，无非就是把官员执掌的面向陌生人的公务关系变成与商家之间的熟人关系而已。从这一点上来探求官商勾结的源头，可以补充寻租理论的某些缺失。官商勾结不仅仅是寻租的利益问题，而且是社会的熟人关系问题。

与中国古代不同，西方是在氏族部落基本瓦解的基础上建立了国家。如果说，中国早期国家是建立在部族地基上，那么，以希腊罗马为代表的古典西方国家则是建立在部族的废墟上。以希腊为例，其城邦国家形成后，其治理的基本方式就是社会契约。正是因为有着这一社会基础，西方的社会学和政治学理论中才会诞生出社会契约论。

欧洲的早期居民，其社会流动性远远大于传统中国。古代雅典不是以农立国，而是工商立国，靠贩卖橄榄油过日子，因此，很早就有了沿地中海的拓殖活动。由地中海到北欧，再到亚非，逐渐扩大。后来新航路的发现，只是把拓殖由欧洲扩展到了全球。拓殖的海上迁徙，基本上不是家族式的，而是职业式的，即所谓“有用的同伙比自己的亲属更重要”。这种过程中，结社、契约、仲裁发达起来。最终使西方走上了现今的道路。

了解东西方在国家诞生时期形成的源头上的差别，考察它们在后来社会发展中的不断流变，才能够对中国式诚信有一个恰当的认识。

53. 伦理式诚信和契约式诚信的融合

别总想用中国文化去拯救西方，先要弄清它能不能拯救自己，任何救赎，首先是自救。

由于现代化范式是西方开创的，所以，发展中国家的现代化，基本上以西方为楷模。这一过程，一般从器物的模仿开始，再到制度的移植，最终会走向观念与价值准则的引进。而在这种过程中，部分学者由于被现代化的前景所吸引，会认为西方的契约式诚信是现代化的不易之道。由此，无论是从理性分析角度，还是从情感认同角度，都会对西方式的契约式诚信予以较高评价，甚至在一定意义上会赋予其某种不验自明的真理性。也有部分学者会在这种西化过程中感到民族精神的失落，不能忍受被西方规则支配的憋气，进而抨击外来的“霸权”，发掘本土的优势，甚至想用中华文化去拯救西方世界的没落。这两种思想倾向，表面相反，内在的思维方式是一致的。

对此，我总觉得以契约式诚信贬低伦理式诚信有点逻辑上的问题；当然，以伦理式诚信反抗契约式诚信也在道理上说不大通。伦理诚信和契约诚信，并无优劣之别。它们的区别，是人类发展在不同条件下自然而然的结果，都是不同社会进化的产物。这种进化过程，就像人类的肤色差别一样，不能说白皮肤就优于黑皮肤或黄皮肤，也不能说黄皮肤就比白皮肤和黑皮肤高尚。造成肤色差别的原因也即造成两种诚信差别的原因，在于相应的社会环境和历史条件。

管理学有一个基本准则，就是追求相应思想和方法的适用性，同时还要核算成本高低。任何一种思想，哪怕是再好的思想，如果缺乏适用条件，这种思想就会被现实大打折扣，甚至会被现实改造得面目皆非。中国在改革开放以来不遗余力地推行了不少来自西方的思想和技术，但其效果总是差强人意，事倍功半。不能说一点收效都没有，而是往往吃力不讨好。不适用的逻辑后果就是成本居高不下，无法形成优势。迄今而言，中国尽管已经变成了世界工厂，但除了廉价劳动力以外，我们的竞争优势究竟在什么地方，值得思考。如果从制度成本的角度来看，恐怕中国移植西方模式的制度成本远远超过了原产地。在这一意义上，所谓后发优势，说是梦呓过于刻薄了一些，但确实比较渺茫。

正是在这种背景下，不少学者探讨本土资源，同官方强调中国特色的政治努力不谋而合。但是，问题在于，伦理式诚信能不能作为现代化的思想支柱？说尖锐点，关公能不能穿上西装？青龙偃月刀能不能换成机关枪？

当今探讨中国传统文化的人不少，但很多人都回避这一问题。现代化的浪潮摧毁了滋生伦理式诚信的社会基础，我们能否寄希望于传统的复归？那些号称以中国式的“东方文明”拯救西方没落世界的论者，是否先不要忙着拯救西方，而是反求诸己看看能不能拯救自身？真正身体力行试图重振传统伦理体系的努力，是悲壮而且可歌可泣的；而那些把传统玩弄于书斋里的文人，不过是搅起了历史长河里的几处漩涡而已。要复归传统，就要承受箪食瓢饮的简陋；而要现代化，就得放弃熟人社会的坦然。西方范式的现代化，在中国处于两难处境之中。

感叹人心不古，倡导伦理式诚信，稍有不慎，就会同现代化的走向和法治化的要求背道而驰。那些提倡“汉服”的传统斗士可曾想过，你所穿的汉服是不是妻子手织的？如果用的是机织布，那就已经背离了传统。再追溯下去，这种倡导是不是投机就大有可疑之处。《庄子·天地》篇声称子贡在汉阴见一个老头儿打理圃畦，“凿隧而入井，抱瓮而出灌”，过于费力，效率低下。子贡就给老者推荐一种名叫桔槔的机械，浇起地来省力高效。庄子让那个看起来似乎冥顽不化的“抱瓮老人”告诉子贡说，用桔槔浇地确实“用力甚寡而见功多”，然而，“有机械者必有机事，有机事者必有机心。机心存于胸中则纯白不备，纯白不备则神生不定，神生不定者，道之所不载也。吾非不知，羞而不为也”。以寓言的方式讽刺孔门弟子，强调采用桔槔式的“新式机械”只会助长投机心理。即便不是投机，“汉服”是自己养蚕织布、完全以传统方式织造的，但是，穿上汉服能不能坐摩托开汽车依然有问题。《秋菊打官司》中的矛盾与冲突，全部集结在秋菊不过是想借助现代司法为自己讨一个传统式说法，而现代司法的逻辑结果并不能满足秋菊的要求，尽管对违法者的处罚比秋菊预想的更严厉。

如果撇开中国传统，试图以现代化手段建立契约式诚信，则会同民众习惯发生剧烈冲突。就以在西方人眼里近乎神圣的合同为例，在我们这儿，有谁从内心里真正尊重合同的法定意义？即使有合同的外在形式，所反映的内涵也是人际关系的改变。在西方人看来，在合同上签字意味着对白纸黑字规定的事项负责；而在中国人心里，在合同上签字意味着双方已经变成了准熟人关系。如果法律不考虑这种内涵的不同，就有可能双输。比如，清朝江南的土地买卖，契约写得清清楚楚永不反悔(通常称为死契)，然而，当卖主抱着祖宗牌位来找买者表示反悔时，切不可按照现代法律判定这个卖主是胡搅蛮缠，而要按照人之常情理解卖主失去产业对不起祖宗的心情，必须再给予一定补偿才算真正成交。这就是民间所谓的“找后账”。有的地方，竟形成了两三次“找后账”的民间习俗。以法律否定“找后账”，会招来习俗的剧烈反抗。再如，古董买卖，按传统惯例，买了赝品（以卖出方不违反行规惯例为前提），只能说买者眼力不济，自认倒霉。按传统，这种买了赝品的主儿会把自己的“打眼”当作耻辱，而不能责怪卖者。但是，按现代的合同法和消费者权益保护法，卖主的这种行为属于欺诈，要严厉惩罚。而这种惩罚，又因为同行规惯例的冲突得不到有效履行。其结果就是传统被法律破坏，法律被传统消解，传统与法治俱失。从近代以来中国的屡次现代化努力，都或多或少存在类似问题。

目前，中国在发展道路上已经出现了某种令人担忧的迹象，即传统的伦理诚信被瓦解，而新型的契约诚信又未能建立。比如，传统中国的民间集资方式——抬会，在历史上曾经有过很好的效果，然而，随着现代化对熟人伦理制约的责任解除，同传统抬会类似的非法集资方式开始专门“坑熟”（除非主持人能够具有高度的道德信誉，才能保证其正当效果），已经造成了不少问题。伦理式诚信的出路在何方，值得学界关注。

对于伦理式诚信和契约式诚信，那种非此即彼、非黑即白的对抗性思维方式，无助于问题的解决。完全寄希望于以传统的伦理诚信支撑现代社会，非但不能促进现代化，反而有可能引起倒退。而完全寄希望于引进西方模式建立契约诚信，会遭遇到无形的甚至是不自觉的抵制，使它陷入看不见摸不着的传统场域，最终消解至无影无踪。我们不能小看传统的力量，它在消解异质因素上，比金庸小说中的化骨绵掌还厉害。

或许，中国可以融合二者。这不是以东方智慧去拯救西方，而是寻求自身的安身立命之道。

54. 糅合两种诚信的可能途径

能否实现伦理关系的契约化和契约关系的伦理化，恐怕是中国走向现代化的一个关键。

在如何把伦理式诚信与契约式诚信融为一体的尝试中，我们不妨考虑一下中国传统的“亲亲相隐”问题。孔子曾经与叶公讨论“正直”这一概念。“叶公语孔子曰：‘吾党有直躬者，其父攘羊，而子证之。’孔子曰：‘吾党之直者异于是：父为子隐，子为父隐，直在其中矣。’”（《论语·子路》）简单说，叶公认为，儿子证明父亲犯了盗窃罪，这就是正直。而孔子不以为然，认为父子亲情是最重要的，为了亲情而互相隐瞒过错，这才是正直。对此，古今政治家和法学家不乏争论，但有一点可以肯定的是，中国古代朝野都认可“亲亲相隐”的准则。也就是说，司法要服从于伦理。在传统中国的法律体系中，亲亲相隐得到了法律的正式承认。汉宣帝地节四年（公元前66年）的诏书规定：“自今子匿父母，妻匿夫、孙匿大父母，皆勿坐。”《唐律疏议》规定：“诸同居、若大功以上亲及外祖父母、外孙、外孙之妇、夫之兄弟及兄弟妻，有罪相为隐。”《大明律》也规定：“同居亲属有罪互相容隐”，“弟不证兄，妻不证夫，奴婢不证主”。直到1935年的《中华民国刑事诉讼法》，将相隐的范围扩大至五等亲以内的血亲，三等亲以内的姻亲。显然，1949年以前的中国法律体系，一直认同法与情的关系遵从伦理准则，“屈法以从义”。

有人可能会以“大义灭亲”对“亲亲相隐”提出反驳。实际上，“大义灭亲”只不过是要求“亲”服从于更高的“义”，而这个“义”依然遵循伦理约束。比如，谋反、叛逆等等十恶不赦之大罪，即使属于亲人也不能回护，这并不违反伦理准则。

与中国的“亲亲相隐”比照，西方社会出于对个人权利的保护，从不得自证其罪出发，也有与中国“亲亲相隐”类似的法律规定。需要指出的是，西方的规定同中国的“亲亲相隐”貌似而实不同，它来自于权利义务的相应界定，而这种界定的性质是社会契约。此例说明，伦理准则和契约准则并不见得处处对抗，在某些方面，它们是可以重合的。由此，或许能够找到糅合两种诚信的现代路径。

在现代化的进程中，我们需要的是把中国传统的伦理准则，与从西方引进的契约准则有机融为一体，实现伦理关系的契约化，契约关系的伦理化。如此，在中国社会背景下，可以做到上通天理，中达人情，下适本土。某些家族式企业在现代转型中，既保留了浓厚的家族色彩，又形成了现代公司治理结构。对此，值得学界探讨。

传统是可以变通的。回到晋商的例子，晋商当年的兴盛发达，不全是死守传统。比如，以用人而言，晋商的基本准则是“用乡不用亲”。显然，“用乡”是传统伦理的继承，而“不用亲”则是传统伦理的修正。在现实生活中，晋商已经对传统伦理的某些内容进行了改造，而这种改造又以不破坏伦理中的“道义”精神为前提。而近代晋商的没落，又恰恰与不知通变求达密切关联。这种通变求达，并不一定要求彻底摧毁传统，而是以人为的努力，推动新的“惯习”的形成。就拿晋商崇拜的关公来说，关公的形象也不是一成不变的，从三国到当代，关公已经多次“变脸”，不过，从道义精神而言，关公依旧是那个关公。

正如托克维尔在《旧制度与大革命》中所言，大革命催生了一个新的社会，而这个新的社会恰恰是来自于传统。大革命中的先行者们，“在不知不觉中从旧制度继承了大部分感情、习惯、思想，他们甚至是依靠这一切领导了这场摧毁旧制度的大革命；他们利用了旧制度的瓦砾来建造新社会的大厦，尽管他们并不情愿这样做；因此，若要充分理解大革命及其功绩，必须暂时忘记我们今天看到的法国，而去考察那逝去的、坟墓中的法国。”库朗日也在《古代城市》中对这一点深有感触：“《旧制度与大革命》一书的一大功绩是证明了1789年以后有多少过去的政治制度、习惯思想，在新法国依然存在，新法国不知不觉成了君主制法国的概括遗赠财产承受人。”

从这种思路出发，可以给出一个重建诚信的方向：中国的现代化，有赖于当代中国人能承继传统的伦理式诚信，在现代化的契约式诚信建构中容纳伦理式诚信的精神内涵。

推荐作者得新书！

博瑞森征稿启事

亲爱的读者朋友：

感谢您选择了博瑞森图书！希望您手中的这本书能给您带来实实在在的帮助！

博瑞森一直致力于发掘好作者、好内容，希望能把您最需要的思想、方法，一字一句地交到您手中，成为管理知识与管理实践的桥梁。

但是我们也知道，有很多深入企业一线、经验丰富、乐于分享的优秀专家，或者忙于实战没时间，或者缺少专业的写作指导和便捷的出版途径，只能茫然以待……

还有很多在竞争大潮中坚守的企业，有着异常宝贵的实践经验和独特的洞察，但缺少专业的记录和整理者，无法让企业的经验和故事被更多的人了解、学习……

对读者而言，这些都太遗憾了！

博瑞森非常希望能将这些埋藏的"宝藏"发掘出来，贡献给广大读者，让更多的人从中受益。

所以，我们真心地邀请您，我们的老读者，帮我们搜寻：

推荐作者

可以是您自己或您的朋友，只要对本土管理有实践、有思考；可以是您通过网络、杂志、书籍或其他途径了解的某位专家，不管名气大小，只要他的思想和方法曾让您深受启发。

可以是管理类作品，也可以超出管理，各类优秀的社科作品或学术作品。

推荐企业

可以是您自己所在的企业，或者是您熟悉的某家企业，其创业过程、运营经历、产品研发、机制创新，等等。无论企业大小，只要乐于分享、有值得借鉴书写之处。

总之，好内容就是一切！

博瑞森绝非"自费出书"，出版费用完全由我们承担。您推荐的作者或企业案例一经采用，我们会立刻向您赠送书币 1000 元，可直接换取任何博瑞森图书的纸书或电子书。

感谢您对本土管理原创、博瑞森图书的支持！

推荐投稿邮箱：bookgood@126. com

推荐手机：13611149991

1120 本土管理实践与创新论坛

这是由100多位本土管理专家联合创立的企业管理实践学术交流组织，旨在孵化本土管理思想、促进企业管理实践、加强专家间交流与协作。

论坛每年集中力量办好两件大事：第一，“**出一本书**”，汇聚一年的思考和实践，把最原创、最前沿、最实战的内容集结成册，贡献给读者；第二，“**办一次会**”，每年11月20日本土管理专家们汇聚一堂，碰撞思想、研讨案例、交流切磋、回馈社会。

叶敦明　王　涛　李文才　王　强　张远凤　陈　明
廖信琳　岑立聪　方　刚　何足奇　周　俊　杨　奕
孙行健　孙嘉晖　张东利　郭富才　叶　宁　何　屹
沈　奎　王明胤　王　超　马宝琳　谭长春　杨竣雄
夏惊鸣　张　博　段传敏　李洪道　胡浪球　孙　波
唐江华　程　翔　翟玉忠　刘红明　杨鸿贵　伯建新
高可为　李　蓓　王春强　孔祥云　戴　勇　贾同领
罗宏文　张兵武　史立臣　李政权　余　盛　陈小龙
尚　锋　邢　雷　余伟辉　李小勇　苗庆显　孙　巍
陈继展　全怀周　林延君　王清华　初勇钢　陈　锐
高继中　聂志新　黄　屹　沈　拓　徐伟泽　潦　寒
谭洪华　崔自三　王玉荣　蒋　军　侯军伟　黄润霖
朱伟杰　金国华　吴　之　葛新红　周　剑　崔海鹏
李治江　陈海超　柏　龑　唐道明　刘书生　朱志明
曲宗恺　杜　忠　黄渊明　王献永　范月明　吕　林
刘文新　赵晓萌　张　伟　韩　旭　韩友诚　熊亚柱
秦海林　孙彩军　刘　雷　贺小林　王庆云　黄　娜
俞士耀　田　军　丁　昀　张小峰　黄　磊　罗晓慧
赵海永　伏泓霖　任彭枞　梁小平　鄢圣安　马方旭
乐　涛　杨晓燕　欧阳莉华　陈　慧　张　璐

企业案例・老板传记			
	书名．作者	内容/特色	读者价值
企业案例・老板传记	你不知道的加多宝：原市场部高管讲述 曲宗恺　牛玮娜　著	前加多宝高管解读加多宝	全景式解读，原汁原味
	借力咨询：德邦成长背后的秘密 官同良　王祥伍　著	讲述德邦是如何借助咨询公司的力量进行自身与发展的	来自德邦内部的第一线资料，真实、珍贵，令人受益匪浅
	娃哈哈区域标杆：豫北市场营销实录 罗宏文　赵晓萌　等著	本书从区域的角度来写娃哈哈河南分公司豫北市场是怎么进行区域市场营销，成为娃哈哈全国第一大市场、全国增量第一高市场的一些操作方法	参考性、指导性，一线真实资料
	六个核桃凭什么：从0过100亿 张学军　著	首部全面揭秘养元六个核桃裂变式成长的巨著	学习优秀企业的成长路径，了解其背后的理论体系
	像六个核桃一样：打造畅销品的36个简明法则 王　超　范　萍　著	本书分上下两篇：包括“六个核桃”的营销战略历程和36条畅销法则	知名企业的战略历程极具参考价值，36条法则提供操作方法
	解决方案营销实战案例 刘祖轲　著	用10个真案例讲明白什么是工业品的解决方案式营销，实战、实用	有干货、真正操作过的才能写得出来
	招招见销量的营销常识 刘文新　著	如何让每一个营销动作都直指销量	适合中小企业，看了就能用
	我们的营销真案例 联纵智达研究院　著	五芳斋粽子从区域到全国/诺贝尔瓷砖门店销量提升/利豪家具出口转内销/汤臣倍健的营销模式	选择的案例都很有代表性，实在、实操！
	中国营销战实录：令人拍案叫绝的营销真案例 联纵智达　著	51个案例，42家企业，38万字，18年，累计2000余人次参与……	最真实的营销案例，全是一线记录，开阔眼界
	双剑破局：沈坤营销策划案例集 沈　坤　著	双剑公司多年来的精选案例解析集，阐述了项目策划中每一个营销策略的诞生过程，策划角度和方法	一线真实案例，与众不同的策划角度令人拍案叫绝、受益匪浅
	宗：一位制造业企业家的思考 杨　涛　著	1993年创业，引领企业平稳发展20多年，分享独到的心得体会	难得的一本老板分享经验的书
	简单思考：AMT咨询创始人自述 孔祥云　著	著名咨询公司（AMT）的CEO创业历程中点点滴滴的经验与思考	每一位咨询人，每一位创业者和管理经营者，都值得一读
	边干边学做老板 黄中强　著	创业20多年的老板，有经验、能写、又愿意分享，这样的书很少	处处共鸣，帮助中小企业老板少走弯路
	三四线城市超市如何快速成长：解密甘雨亭 IBMG国际商业管理集团　著	国内外标杆企业的经验+本土实践量化数据+操作步骤、方法	通俗易懂，行业经验丰富，宝贵的行业量化数据，关键思路和步骤
	中国首家未来超市：解密安徽乐城 IBMG国际商业管理集团　著	本书深入挖掘了安徽乐城超市的试验案例，为零售企业未来的发展提供了一条可借鉴之路	通俗易懂，行业经验丰富，宝贵的行业量化数据，关键思路和步骤

续表

互联网 +			
	书名、作者	内容/特色	读者价值
互联网 +	**企业微信营销全指导** 孙　巍　著	专门给企业看到的微信营销书，手把手教企业从小白到微信营销专家	企业想学微信营销现在还不晚，两眼一抹黑也不怕，有这本书就够
	企业网络营销这样做才对：B2B　大宗 B2C 张　进　著	简单直白拿来就用，各种窍门信手拈来，企业网络营销不麻烦也不用再头疼，一般人不告诉他	B2B、大宗 B2C 企业有福了，看了就能学会网络营销
	互联网时代的银行转型 韩友诚　著	以大量案例形式为读者全面展示和分析了银行的互联网金融转型应对之道	结合本土银行转型发展案例的书籍
	正在发生的转型升级·实践 本土管理实践与创新论坛　著	企业在快速变革期所展现出的管理变革新成果、新方法、新案例	重点突出对于未来企业管理相关领域的趋势研判
	触发需求：互联网新营销样本·水产 何足奇　著	传统产业都在苦闷中挣扎前行，本书通过鲜活的案例告诉你如何以需求链整合供应链，从而把大家熟知的传统行业打碎了重构、重做一遍	全是干货，值得细读学习，并且作者的理论已经经过了他亲自操刀的实践检验，效果惊人，就在书中全景展示
	移动互联新玩法：未来商业的格局和趋势 史贤龙　著	传统商业、电商、移动互联，三个世界并存，这种新格局的玩法一定要懂	看清热点的本质，把握行业先机，一本书搞定移动互联网
	微商生意经：真实再现 33 个成功案例操作全程 伏泓霖　罗晓慧　著	本书为 33 个真实案例，分享案例主人公在做微商过程中的经验教训	案例真实，有借鉴意义
	阿里巴巴实战运营——14 招玩转诚信通 聂志新　著	本书主要介绍阿里巴巴诚信通的十四个基本推广操作，从而帮助使用诚信通的用户及企业更好地提升业绩	基本操作，很多可以边学边用，简单易学
	今后这样做品牌：移动互联时代的品牌营销策略 蒋　军　著	与移动互联紧密结合，告诉你老方法还能不能用，新方法怎么用	今后这样做品牌就对了
	互联网+"变"与"不变"：本土管理实践与创新论坛集萃·2016 本土管理实践与创新论坛　著	本土管理领域正在产生自己独特的理论和模式，尤其在移动互联时代，有很多新课题需要本土专家们一起研究	帮助读者拓宽眼界、突破思维
	创造增量市场：传统企业互联网转型之道 刘红明　著	传统企业需要用互联网思维去创造增量，而不是用电子商务去转移传统业务的存量	教你怎么在"互联网+"的海洋中创造实实在在的增量
	重生战略：移动互联网和大数据时代的转型法则 沈　拓　著	在移动互联网和大数据时代，传统企业转型如同生命体打算与再造，称之为"重生战略"	帮助企业认清移动互联网环境下的变化和应对之道

续表

互联网+	画出公司的互联网进化路线图：用互联网思维重塑产品、客户和价值 李　蓓　著	18 个问题帮助企业一步步梳理出互联网转型思路	思路清晰、案例丰富，非常有启发性
	7 个转变，让公司 3 年胜出 李　蓓　著	消费者主权时代，企业该怎么办	这就是互联网思维，老板有能这样想，肯定倒不了
	跳出同质思维，从跟随到领先 郭　剑　著	66 个精彩案例剖析，帮助老板突破行业长期思维惯性	做企业竟然有这么多玩法，开眼界

行业类：零售、白酒、食品/快消品、农业、医药、建材家居等

	书名．作者	内容/特色	读者价值
零售·超市·餐饮·服装	**总部有多强大，门店就能走多远** IBMG 国际商业管理集团　著	如何把总部做强，成为门店的坚实后盾	了解总部建设的方法与经验
	超市卖场定价策略与品类管理 IBMG 国际商业管理集团　著	超市定价策略与品类管理实操案例和方法	拿来就能用的理论和工具
	连锁零售企业招聘与培训破解之道 IBMG 国际商业管理集团　著	围绕零售企业组织架构、培训体系建设等内容进行深刻探讨	破解人才发现和培养瓶颈的关键点
	中国首家未来超市：解密安徽乐城 IBMG 国际商业管理集团　著	介绍了乐城作为中国首家未来超市从无到有的传奇经历	了解新型零售超市的运作方式及管理特色
	三四线城市超市如何快速成长：解密甘雨亭 IBMG 国际商业管理集团　著	揭秘一家三四线连锁超市的经验策略	不但可以欣赏它的优点，而且可以学会它成功的方法
	涨价也能卖到翻 村松达夫　【日】	提升客单价的 15 种实用、有效的方法	日本企业在这方面非常值得学习和借鉴
	移动互联下的超市升级 联商网专栏频道　著	深度解析超市转型升级重点	帮助零售企业把握全局、看清方向
	手把手教你做专业督导：专卖店、连锁店 熊亚柱　著	从督导的职能、作用，在工作中需要的专业技能、方法，都提供了详细的解读和训练办法，同时附有大量的表单工具	无论是店铺需要统一培训，还是个人想成为优秀的督导，有这一本就够了
	百货零售全渠道营销策略 陈继展　著	没有照本宣科、说教式的絮叨，只有笔者对行业的认知与理解，庖丁解牛式的逐项解析、展开	通俗易懂，花极少的时间快速掌握该领域的知识及趋势
	零售：把客流变成购买力 丁　昀　著	如何通过不断升级产品和体验式服务来经营客流	如何进行体验营销，国外的好经营，这方面有启发

续表

零售·超市·餐饮·服装	**餐饮企业经营策略第一书** 吴　坚　著	分别从产品、顾客、市场、盈利模式等几个方面，对现阶段餐饮企业的发展提出策略和思路	第一本专业的、高端的餐饮企业经营指导书
	电影院的下一个黄金十年：开发·差异化·案例 李保煜　著	对目前电影院市场存大的问题及如何解决进行了探讨与解读	多角度了解电影院运营方式及代表性案例
	赚不赚钱靠店长：从懂管理到会经营 孙彩军　著	通过生动的案例来进行剖析，注重门店管理细节方面的能力提升	帮助终端门店店长在管理门店的过程中实现经营思路的拓展与突破
耐消品	**商用汽车经销商经营实战** 杜建君　王朝阳　章晓青　等著	从管理到经营，从销售到服务，系统化运作全指导	为经销商经营开阔思路，掌握方法
	汽车配件这样卖：汽车后市场销售秘诀 100 条 俞士耀　著	汽配销售业务员必读，手把手教授最实用的方法，轻松得来好业绩	快速上岗，专业实效，业绩无忧
	跟行业老手学经销商开发与管理：家电、耐消品、建材家居 黄润霖　著	全部来源于经销商管理的一线问题，作者用丰富的经验将每一个问题落实到最便捷快速的操作方法上去	书中每一个问题都是普通营销人亲口提出的，这些问题你也会遇到，作者进行的解答则精彩实用
白酒	**白酒到底如何卖** 赵海永　著	以市场实战为主，多层次、全方位、多角度地阐释了白酒一线市场操作的最新模式和方法，接地气	实操性强，37 个方法、6 大案例帮你成功卖酒
	变局下的白酒企业重构 杨永华　著	帮助白酒企业从产业视角看清趋势，找准位置，实现弯道超车的书	行业内企业要减少 90%，自己在什么位置，怎么做，都清楚了
	1. 白酒营销的第一本书(升级版) **2. 白酒经销商的第一本书** 唐江华　著	华泽集团湖南开口笑公司品牌部长，擅长酒类新品推广、新市场拓展	扎根一线，实战
	区域型白酒企业营销必胜法则 朱志明　著	为区域型白酒企业提供 35 条必胜法则，在竞争中赢销的葵花宝典	丰富的一线经验和深厚积累，实操实用
	10 步成功运作白酒区域市场 朱志明　著	白酒区域操盘者必备，掌握区域市场运作的战略、战术、兵法	在区域市场的攻伐防守中运筹帷幄，立于不败之地
	酒业转型大时代：微酒精选 2014－2015 微酒　主编	本书分为五个部分：当年大事件、那些酒业营销工具、微酒独立策划、业内大调查和十大经典案例	了解行业新动态、新观点，学习营销方法
快消品·食品	**这样打造快消品标杆市场** 罗宏文　著	帮助你解决如何成功打造标杆市场和进行持续增量管理两大问题	一套系统的方法论，通俗易懂，可以直接套用
	5 小时读懂快消品营销：中国快消品案例观察 陈海超　著	多年营销经验的一线老手把案例掰开了、揉碎了，从中得出的各种手段和方法给读者以帮助和启发	营销那些事儿的个中秘辛，求人还不一定告诉你，这本书里就有

续表

快消品·食品	**快消品招商的第一本书:从入门到精通** 刘　雷　著	深入浅出,不说废话,有工具方法,通俗易懂	让零基础的招商新人快速学习书中最实用的招商技能,成长为骨干人才
	乳业营销第一书 侯军伟　著	对区域乳品企业生存发展关键性问题的梳理	唯一的区域乳业营销书,区域乳品企业一定要看
	食用油营销第一书 余　盛　著	10 多年油脂企业工作经验,从行业到具体实操	食用油行业第一书,当之无愧
	中国茶叶营销第一书 柏　龑　著	如何跳出茶行业"大文化小产业"的困境,作者给出了自己的观察和思考	不是传统做茶的思路,而是现在商业做茶的思路
	调味品营销第一书 陈小龙　著	国内唯一一本调味品营销的书	唯一的调味品营销的书,调味品的从业者一定要看
	快消品营销人的第一本书:从入门到精通 刘　雷　伯建新　著	快消行业必读书,从入门到专业	深入细致,易学易懂
	变局下的快消品营销实战策略 杨永华　著	通胀了,成本增加,如何从被动应战变成主动的"系统战"	作者对快消品行业非常熟悉、非常实战
	快消品经销商如何快速做大 杨永华　著	本书完全从实战的角度,评述现象,解析误区,揭示原理,传授方法	为转型期的经销商提供了解决思路,指出了发展方向
	一位销售经理的工作心得 蒋　军　著	一线营销管理人员想提升业绩却无从下手时,可以看看这本书	一线的真实感悟
	快消品营销:一位销售经理的工作心得 2 蒋　军　著	快消品、食品饮料营销的经验之谈,重点图书	来源与实战的精华总结
	快消品营销与渠道管理 谭长春　著	将快消品标杆企业渠道管理的经验和方法分享出来	可口可乐、华润的一些具体的渠道管理经验,实战
	成为优秀的快消品区域经理(升级版) 伯建新　著	用"怎么办"分析区域经理的工作关键点,增加30%全新内容,更贴近环境变化	可以作为区域经理的"速成催化器"
	销售轨迹:一位快消品营销总监的拼搏之路 秦国伟　著	本书讲述了一个普通销售员打拼成为跨国企业营销总监的真实奋斗历程	激励人心,给广大销售员以力量和鼓舞
	快消老手都在这样做:区域经理操盘锦囊 方　刚　著	非常接地气,全是多年沉淀下来的干货,丰富的一线经验和实操方法不可多得	在市场摸爬滚打的"老油条",那些独家绝招妙招一般你问都是问不来的
	动销四维:全程辅导与新品上市 高继中　著	从产品、渠道、促销和新品上市详细讲解提高动销的具体方法,总结作者 18 年的快消品行业经验,方法实操	内容全面系统,方法实操

续表

农业	**新农资如何换道超车** 刘祖轲　等著	从农业产业化、互联网转型、行业营销与经营突破四个方面阐述如何让农资企业占领先机、提前布局	南方略专家告诉你如何应对资源浪费、生产效率低下、产能严重过剩、价格与价值严重扭曲等
	中国牧场管理实战：畜牧业、乳业必读 黄剑黎　著	本书不仅提供了来自一线的实际经验，还收入了丰富的工具文档与表单	填补空白的行业必读作品
	中小农业企业品牌战法 韩　旭　著	将中小农业企业品牌建设的方法，从理论讲到实践，具有指导性	全面把握品牌规划，传播推广，落地执行的具体措施
	农资营销实战全指导 张　博　著	农资如何向"深度营销"转型，从理论到实践进行系统剖析，经验资深	朴实、使用！不可多得的农资营销实战指导
	农产品营销第一书 胡浪球　著	从农业企业战略到市场开拓、营销、品牌、模式等	来源于实践中的思考，有启发
	变局下的农牧企业9大成长策略 彭志雄　著	食品安全、纵向延伸、横向联合、品牌建设……	唯一的农牧企业经营实操的书，农牧企业一定要看
医药	**在中国，医药营销这样做：时代方略精选文集** 段继东　主编	专注于医药营销咨询15年，将医药营销方法的精华文章合编，深入全面	可谓医药营销领域的顶尖著作，医药界读者的必读书
	医药新营销：制药企业、医药商业企业营销模式转型 史立臣　著	医药生产企业和商业企业在新环境下如何做营销？老方法还有没有用？如何寻找新方法？新方法怎么用？本书给你答案	内容非常现实接地气，踏实谈问题说方法
	医药企业转型升级战略 史立臣　著	药企转型升级有5大途径，并给出落地步骤及风险控制方法	实操性强，有作者个人经验总结及分析
	新医改下的医药营销与团队管理 史立臣　著	探讨新医改对医药行业的系列影响和医药团队管理	帮助理清思路，有一个框架
	医药营销与处方药学术推广 马宝琳　著	如何用医学策划把"平民产品"变成"明星产品"	有真货、讲真话的作者，堪称处方药营销的经典！
	新医改，医药企业如何应对行业洗牌 林延君　沈　斌　著	一方面，围绕着变革，多角度阐述药企的应对之道；另一方面，紧扣实践，介绍近百家医药企业创新实践案例	医改变革10年，医药企业如何应对大洗牌？重磅出击的药企人必读书
	新医改了，药店就要这样开 尚　锋　著	药店经营、管理、营销全攻略	有很强的实战性和可操作性
	电商来了，实体药店如何突围 尚　锋　著	电商崛起，药店该如何突围？本书从促销、会员服务、专业性、客单价等多重角度给出了指导方向	实战攻略，拿来就能用
	OTC医药代表药店销售36计 鄢圣安　著	以《三十六计》为线，写OTC医药代表向药店销售的一些技巧与策略	案例丰富，生动真实，实操性强

续表

医药	**OTC医药代表药店开发与维护** 鄢圣安　著	要做到一名专业的医药代表,需要做什么、准备什么、知识储备、操作技巧等	医药代表药店拜访的指导手册,手把手教你快速上手
	引爆药店成交率1:店员导购实战 范月明　著	一本书解决药店导购所有难题	情景化、真实化、实战化
	引爆药店成交率2:经营落地实战 范月明　著	最接地气的经营方法全指导	揭示了药店经营的几类关键问题
	引爆药店成交率:专业化销售解决方案 范月明　著	药品搭配分析与关联销售	为药店人专业化助力
建材家居	**成为最赚钱的家具建材经销商** 李治江　著	从销售模式、产品、门店等老板们最关注和最需要的方面解决问题、提供方法	只要你是建材、家具、家居用品的经销商老板,这就是一本必读的书
	家具行业操盘手 王献永　著	家具行业问题的终结者	解决了干家具还有没有前途?为什么同城多店的家具经销商很难做大做强等问题
	建材家居营销:除了促销还能做什么 孙嘉晖　著	一线老手的深度思考,告诉你在建材家居营销模式基本停滞的今天,除了促销,营销还能怎么做	给你的想法一场革命
	建材家居营销实务 程绍珊　杨鸿贵　主编	价值营销运用到建材家居,每一步都让客户增值	有自己的系统、实战
	建材家居门店销量提升 贾同领　著	店面选址、广告投放、推广助销、空间布局、生动展示、店面运营等	门店销量提升是一个系统工程,非常系统、实战
	10步成为最棒的建材家居门店店长 徐伟泽　著	实际方法易学易用,让员工能够迅速成长,成为独当一面的好店长	只要坚持这样干,一定能成为好店长
	手把手帮建材家居导购业绩倍增:成为顶尖的门店店员 熊亚柱　著	生动的表现形式,让普通人也能成为优秀的导购员,让门店业绩长红	读着有趣,用着简单,一本在手、业绩无忧
	建材家居经销商实战42章经 王庆云　著	告诉经销商:老板怎么当、团队怎么带、生意怎么做	忠言逆耳,看着不舒服就对了,实战总结,用一招半式就值了
工业品	**销售是门专业活:B2B、工业品** 陆和平　著	销售流程就应该跟着客户的采购流程和关注点的变化向前推进,将一个完整的销售过程分成十个阶段,提供具体方法	销售不是请客吃饭拉关系,是个专业的活计!方法在手,走遍天下不愁
	解决方案营销实战案例 刘祖轲　著	用10个真案例讲明白什么是工业品的解决方案式营销,实战、实用	有干货、真正操作过的才能写得出来
	变局下的工业品企业7大机遇 叶敦明　著	产业链条的整合机会、盈利模式的复制机会、营销红利的机会、工业服务商转型机会……	工业品企业还可以这样做,思维大突破

续表

工业品	**工业品市场部实战全指导** 杜　忠　著	工业品市场部经理工作内容全指导	系统、全面、有理论、有方法，帮助工业品市场部经理更快提升专业能力
	工业品营销管理实务 李洪道　著	中国特色工业品营销体系的全面深化、工业品营销管理体系优化升级	工具更实战，案例更鲜活，内容更深化
	工业品企业如何做品牌 张东利　著	为工业品企业提供最全面的品牌建设思路	有策略、有方法、有思路、有工具
	丁兴良讲工业 4.0 丁兴良　著	没有枯燥的理论和说教，用朴实直白的语言告诉你工业 4.0 的全貌	工业 4.0 是什么？本书告诉你答案
	资深大客户经理：策略准，执行狠 叶敦明　著	从业务开发、发起攻势、关系培育、职业成长四个方面，详述了大客户营销的精髓	满满的全是干货
	一切为了订单：订单驱动下的工业品营销实战 唐道明　著	其实，所有的企业都在围绕着两个字在开展全部的经营和管理工作，那就是“订单”	开发订单、满足订单、扩大订单。本书全是实操方法，字字珠玑、句句干货，教你获得营销的胜利
金融	**交易心理分析** (美)马克·道格拉斯　著 刘真如　译	作者一语道破赢家的思考方式，并提供了具体的训练方法	不愧是投资心理的第一书，绝对经典
	精品银行管理之道 崔海鹏　何　屹　主编	中小银行转型的实战经验总结	中小银行的教材很多，实战类的书很少，可以看看
	支付战争 Eric M. Jackson　著 徐　彬　王　晓　译	PayPal 创业期营销官，亲身讲述 PayPal 从诞生到壮大到成功出售的整个历史	激烈、有趣的内幕商战故事！了解美国支付市场的风云巨变
	中外并购名著专业阅读指南 叶兴平　等著	在 5000 多本并购类图书中精选的 200 著作，在阅读的基础上写的读书评价	精挑细选 200 本并一一评介，省去读者挑选的烦恼，快捷、高效
	互联网时代的银行转型 韩友诚　著	以大量案例形式为读者全面展示和分析了银行的互联网金融转型应对之道	结合本土银行转型发展案例的书籍
房地产	**产业园区/产业地产规划、招商、运营实战** 阎立忠　著	目前中国第一本系统解读产业园区和产业地产建设运营的实战宝典	从认知、策划、招商到运营全面了解地产策划
	人文商业地产策划 戴欣明　著	城市与商业地产战略定位的关键是不可复制性，要发现独一无二的“味道”	突破千城一面的策划困局
	电影院的下一个黄金十年：开发·差异化·案例 李保煜　著	对目前电影院市场存大的问题及如何解决进行了探讨与解读	多角度了解电影院运营方式及代表性案例
能源	**全能型班组：城市能源互联网与电力班组升级** 国网天津市电力公司　编著	借鉴国内外优秀企业的转型升级思路，通过对于新型班组组织模式和运行机制的大胆设想，力图构建充分适应内外环境变化的全能型班组	看看庞大的国企在新环境下是如何顺应时代的
	国网天津电力全能型班组建设实务 国网天津市电力公司　编著	本书聚焦于天津电力公司在探索全能型班组转型升级时的优秀实践	电力行业的班组实践，具体、可操作性强

续表

经营类：企业如何赚钱，如何抓机会，如何突破，如何“开源”			
书名．作者		内容/特色	读者价值
抓方向	**让经营回归简单．升级版** 宋新宇　著	化繁为简抓住经营本质：战略、客户、产品、员工、成长	经典，做企业就这几个关键点！
	混沌与秩序Ⅰ：变革时代企业领先之道 **混沌与秩序Ⅱ：变革时代管理新思维** 彭剑锋　尚艳玲　主编	汇集华夏基石专家团队10年来研究成果，集中选择了其中的精华文章编篡成册	作者都是既有深厚理论积淀又有实践经验的重磅专家，为中国企业和企业家的未来提出了高屋建瓴的观点
	活系统：跟任正非学当老板 孙行健　尹　贤　著	以任正非的独到视角，教企业老板如何经营公司	看透公司经营本质，激活企业活力
	重构：快消品企业重生之道 杨永华　著	从7个角度，帮助企业实现系统性的改造	提供转型思想与方法，值得参考
	公司由小到大要过哪些坎 卢　强　著	老板手里的一张“企业成长路线图”	现在我在哪儿，未来还要走哪些路，都清楚了
	企业二次创业成功路线图 夏惊鸣　著	企业曾经抓住机会成功了，但下一步该怎么办？	企业怎样获得第二次成功，心里有个大框架了
	老板经理人双赢之道 陈　明　著	经理人怎养选平台、怎么开局，老板怎样选/育/用/留	老板生闷气，经理人牢骚大，这次知道该怎么办了
	简单思考：AMT咨询创始人自述 孔祥云　著	著名咨询公司（AMT）的CEO创业历程中点点滴滴的经验与思考	每一位咨询人，每一位创业者和管理经营者，都值得一读
	企业文化的逻辑 王祥伍　黄健江　著	为什么企业绩效如此不同，解开绩效背后的文化密码	少有的深刻，有品质，读起来很流畅
	使命驱动企业成长 高可为　著	钱能让一个人今天努力，使命能让一群人长期努力	对于想做事业的人，‘使命’是绕不过去的
思维突破	**盈利原本就这么简单** 高可为　著	从财务的角度揭示企业盈利的秘密	多方面解读商业模式与盈利的关系，通俗易懂，受益匪浅
	移动互联新玩法：未来商业的格局和趋势 史贤龙　著	传统商业、电商、移动互联，三个世界并存，这种新格局的玩法一定要懂	看清热点的本质，把握行业先机，一本书搞定移动互联网
	画出公司的互联网进化路线图：用互联网思维重塑产品、客户和价值 李　蓓　著	18个问题帮助企业一步步梳理出互联网转型思路	思路清晰、案例丰富，非常有启发性
	重生战略：移动互联网和大数据时代的转型法则 沈　拓　著	在移动互联网和大数据时代，传统企业转型如同生命体打算与再造，称之为“重生战略”	帮助企业认清移动互联网环境下的变化和应对之道
	创造增量市场：传统企业互联网转型之道 刘红明　著	传统企业需要用互联网思维去创造增量，而不是用电子商务去转移传统业务的存量	教你怎么在“互联网＋”的海洋中创造实实在在的增量

续表

思维突破	**7个转变，让公司3年胜出** 李　蓓　著	消费者主权时代，企业该怎么办	这就是互联网思维，老板有能这样想，肯定倒不了
	跳出同质思维，从跟随到领先 郭　剑　著	66个精彩案例剖析，帮助老板突破行业长期思维惯性	做企业竟然有这么多玩法，开眼界
	麻烦就是需求　难题就是商机 卢根鑫　著	如何借助客户的眼睛发现商机	什么是真商机，怎么判断、怎么抓，有借鉴
	互联网+“变”与“不变”：本土管理实践与创新论坛集萃·2016 本土管理实践与创新论坛　著	加速本土管理思想的孕育诞生，促进本土管理创新成果更好地服务企业、贡献社会	各个作者本年度最新思想，帮助读者拓宽眼界、突破思维
	消费升级：实践　研究（文集） 本土管理实践与创新论坛　著	38位管理专家及7位学者的精华思想，从经营、管理、行业及思想研究四个方面阐述中国企业在消费升级下的实践与研究	思想启发，行业借鉴
财务	**写给企业家的公司与家庭财务规划——从创业成功到富足退休** 周荣辉　著	本书以企业的发展周期为主线，写各阶段企业与企业主家庭的财务规划	为读者处理人生各阶段企业与家庭的财务问题提供建议及方法，让家庭成员真正享受财富带来的益处
	互联网时代的成本观 程　翔　著	本书结合互联网时代提出了成本的多维观，揭示了多维组合成本的互联网精神和大数据特征，论述了其产生背景、实现思路和应用价值	在传统成本观下为盈利的业务，在新环境下也许就成为亏损业务。帮助管理者从新的角度来看待成本，进一步做好精益管理

管理类：效率如何提升，如何实现经营目标，如何“节流”

	书名．作者	内容/特色	读者价值
通用管理	**让管理回归简单·升级版** 宋新宇　著	从目标、组织、决策、授权、人才和老板自己层面教你怎样做管理	帮助管理抓住管理的要害，让管理变得简单
	让经营回归简单·升级版 宋新宇　著	从战略、客户、产品、员工、成长、经营者自身等七个方面，归纳总结出简单有效的经营法则	总结出的真正优秀企业的成功之道：简单
	让用人回归简单 宋新宇　著	从用人的原则、用人的难题与误区、用人的方法和用人者的修炼四大方面，总结出适合中小企业做好人才管理工作的法则	帮助管理者抓住用人的要害，让用人变得简单
	历史深处的管理智慧1：组织建设与用人之道 刘文瑞　著	对历史之典故、政事、人事、政制进行管理解析，鉴照企业人才的选用育留	推动理论与实践的对接，实现理性与情感的渗透，用中国话语说明管理智慧
	历史深处的管理智慧2：战略决策与经营运作 刘文瑞 著	对历史之典故、政事、人事、政制进行管理解析，鉴照企业战略设计与经营实践	推动理论与实践的对接，实现理性与情感的渗透，用中国话语说明管理智慧

续表

通用管理	**历史深处的管理智慧3:领导修炼与文化素养** 刘文瑞　著	对历史之典故、政事、人事、政制进行管理解析,鉴照企业领导职业能力提升与文化修养	推动理论与实践的对接,实现理性与情感的渗透,用中国话语说明管理智慧
	管理的尺度 刘文瑞　著	对管理中的种种普遍性问题进行了批评	提高把握管理尺度的能力
	管理学在中国 刘文瑞　著	系统性介绍了管理学在中国的发展和演变	了解管理学在中国的发展脉络,更清晰理解管理学的本质
	管理:以规则驾驭人性 王春强　著	详细解读企业规则的制定方法	从人与人博弈角度提升管理的有效性
	员工心理学超级漫画版 邢　雷　著	以漫画的形式深度剖析员工心理	帮助管理者更了解员工,从而更轻松地管理员工
	老板有想法,高层有干法:企业中的将、帅之道 王清华　著	深入剖析老板与高管的异同	各司其职,各行其是,相辅相成
	分股合心:股权激励这样做 段磊　周剑　著	通过丰富的案例,详细介绍了股权激励的知识和实行方法	内容丰富全面、易读易懂,了解股权激励,有这一本就够了
	边干边学做老板 黄中强　著	创业20多年的老板,有经验、能写、又愿意分享,这样的书很少	处处共鸣,帮助中小企业老板少走弯路
	成为敏感而体贴的公司 王　涛　著	本书为作者对企业的观察和冥想的随笔记录。从生活中的一个现象入手,进而探索现象背后的本质	从全新角度认识公司
	中国企业的觉醒:正直 善良 成长 王　涛　著	围绕着企业人如何发生转化展开,对中国人、中国文化及由此导致的企业现状的观察和思考	企业除了要利润,还需要道德
	有意识的思考:轻松化解问题的7个思考习惯 王　涛　著	本书是对思想、思考过程、思考方式进行的细致观察	养成好的思考习惯,更深刻地看问题
	中国式阿米巴落地实践之从交付到交易 胡八一　著	本书主要讲述阿米巴经营会计,"从交付到交易",这是成功实施了阿米巴的标志	阿米巴经营会计的工作是有逻辑关联的,一本书就能搞定
	中国式阿米巴落地实践之激活组织 胡八一　著	重点讲解如何科学划分阿米巴单元,阐述划分的实操要领、思路、方法、技术与工具	最大限度减少"推行风险"和"摸索成本",利于公司成功搭建适合自身的个性化阿米巴经营体系
	集团化企业阿米巴实战案例 初勇钢　著	一家集团化企业阿米巴实施案例	指导集团化企业系统实施阿米巴
	阿米巴经营的中国模式 李志华　著	让员工从"要我干"到"我要干",价值量化出来	阿米巴在企业如何落地,明白思路了
	欧博心法:好管理靠修行 曾　伟　著	用佛家的智慧,深刻剖析管理问题,见解独到	如果真的有'中国式管理',曾老师是其中标志性人物
	领导这样点燃你的下属 孟广桥　著	领导者如何才能让员工积极主动地工作?如何让你的员工和下属保持工作的热情,自动自发?看了这本书就知道	只要你希望手下的"兵将"永远充满工作的斗志,这本书将使你获益良多

续表

流程管理	**1. 用流程解放管理者** **2. 用流程解放管理者2** 张国祥　著	中小企业阅读的流程管理、企业规范化的书	通俗易懂,理论和实践的结合恰到好处
	跟我们学建流程体系 陈立云　著	畅销书《跟我们学做流程管理》系列,更实操,更细致,更深入	更多地分享实践,分享感悟,从实践总结出来的方法论
质量管理	IATF16949 **质量管理体系详解与案例文件汇编:** TS16949 **转版** IATF16949:2016 谭洪华　著	针对IATF的新标准做了详细的解说,同时指出了一些推行中容易犯的错误,提供了大量的表单、案例	案例、表单丰富,拿来就用
	五大质量工具详解及运用案例:APQP/FMEA/PPAP/MSA/SPC 谭洪华　著	对制造业必备的五大质量工具中每个文件的制作要求、注意事项、制作流程、成功案例等进行了解读	通俗易懂、简便易行,能真正实现学以致用
	ISO9001:2015 新版质量管理体系详解与案例文件汇编 谭洪华　著	紧密围绕2015年新版质量管理体系文件逐条详细解读,并提供可以直接套用的案例工具,易学易上手	企业质量管理认证、内审必备
	ISO14001:2015 新版环境管理体系详解与案例文件汇编 谭洪华　著	紧密围绕2015年新版环境管理体系文件逐条详细解读,并提供可以直接套用的案例工具,易学易上手	企业环境管理认证、内审必备
	SA8000:2014 社会责任管理体系认证实战 吕　林　著	作者根据自己的操作经验,按认证的流程,以相关案例进行说明SA8000认证体系	简单,实操性强,拿来就能用
	精益质量管理实战工具 贺小林　著	制造类企业日常工作中所需要的精益管理工具的归纳整理,并进行案例操作的细致分析	可以直接参考,实际解决生产中的具体问题
战略落地	**重生——中国企业的战略转型** 施　炜　著	从前瞻和适用的角度,对中国企业战略转型的方向、路径及策略性举措提出了一些概要性的建议和意见	对企业有战略指导意义
	公司大了怎么管:从靠英雄到靠组织 AMT 金国华　著	第一次详尽阐释中国快速成长型企业的特点、问题及解决之道	帮助快速成长型企业领导及管理团队理清思路,突破瓶颈
	低效会议怎么改:每年节省一半会议成本的秘密 AMT 王玉荣　著	教你如何系统规划公司的各级会议,一本工具书	教会你科学管理会议的办法
	年初订计划,年尾有结果:战略落地七步成诗 AMT 郭晓　著	7个步骤教会你怎么让公司制定的战略转变为行动	系统规划,有效指导计划实现

续表

人力资源	**HRBP 是这样炼成的之“菜鸟起飞”** 新　海　著	以小说的形式，具体解析 HRBP 的职责，应该如何操作，如何为业务服务	实践者的经验分享，内容实务具体，形式有趣
	HRBP 是这样炼成的之中级修炼 新　海　著	本书以案例故事的方式，介绍了 HRBP 在实际工作中碰到的问题和挑战	书中的 HR 解决方案讲究因时因地制宜、简单有效的原则，重在启发读者思路，可供各类企业 HRBP 借鉴
	HRBP 是这样炼成的之高级修炼 新　海　著	以故事的形式，展现了 HRBP 工作者在职业发展路上的层层深入和递进	为读者提供 HRBP 在实际工作中遇到种种问题的解决方案
	把面试做到极致：首席面试官的人才甄选法 孟广桥　著	作者用自己几十年的人力资源经验总结出的一套实用的确定岗位招聘标准、提升面试官技能素质的简便方法	面试官必备，没有空泛理论，只有巧妙的实操技能
	人力资源体系与 e－HR 信息化建设 刘书生　陈　莹　王美佳　著	将作者经历的人力资源管理变革、人力资源管理信息化咨询项目方法论、工具和成果全面展现给读者，使大家能够将其快速应用到管理实践中	系统性非常强，没有废话，全部是浓缩的干货
	回归本源看绩效 孙　波　著	让绩效回顾“改进工具”的本源，真正为企业所用	确实是来源于实践的思考，有共鸣
	世界 500 强资深培训经理人教你做培训管理 陈　锐　著	从 7 大角度具体细致地讲解了培训管理的核心内容	专业、实用、接地气
	曹子祥教你做激励性薪酬设计 曹子祥　著	以激励性为指导，系统性地介绍了薪酬体系及关键岗位的薪酬设计模式	深入浅出，一本书学会薪酬设计
	曹子祥教你做绩效管理 曹子祥　著	复杂的理论通俗化，专业的知识简单化，企业绩效管理共性问题的解决方案	轻松掌握绩效管理
	把招聘做到极致 远　鸣　著	作为世界 500 强高级招聘经理，作者数十年招聘经验的总结分享	带来职场思考境界的提升和具体招聘方法的学习
	人才评价中心．超级漫画版 邢　雷　著	专业的主题，漫画的形式，只此一本	没想到一本专业的书，能写成这效果
	走出薪酬管理误区 全怀周　著	剖析薪酬管理的 8 大误区，真正发挥好枢纽作用	值得企业深读的实用教案
	集团化人力资源管理实践 李小勇　著	对搭建集团化的企业很有帮助，务实，实用	最大的亮点不是理论，而是结合实际的深入剖析
	我的人力资源咨询笔记 张　伟　著	管理咨询师的视角，思考企业的 HR 管理	通过咨询师的眼睛对比很多企业，有启发
	本土化人力资源管理 8 大思维 周　剑　著	成熟 HR 理论，在本土中小企业实践中的探索和思考	对企业的现实困境有真切体会，有启发

续表

企业文化	**36个拿来就用的企业文化建设工具** 海融心胜　主编	数十个工具，为了方便拿来就用，每一个工具都严格按照工具属性、操作方法、案例解读划分，实用、好用	企业文化工作者的案头必备书，方法都在里面，简单易操作
	企业文化建设超级漫画版 邢　雷　著	以漫画的形式系统教你企业文化建设方法	轻松易懂好操作
	华夏基石方法：企业文化落地本土实践 王祥伍　谭俊峰　著	十年积累、原创方法、一线资料，和盘托出	在文化落地方面真正有洞察，有实操价值的书
	企业文化的逻辑 王祥伍　著	为什么企业之间如此不同，解开绩效背后的文化密码	少有的深刻，有品质，读起来很流畅
	企业文化激活沟通 宋杼宸　安　琪　著	透过新任HR总经理的眼睛，揭示出沟通与企业文化的关系	有实际指导作用的文化落地读本
	在组织中绽放自我：从专业化到职业化 朱仁健　王祥伍　著	个人如何融入组织，组织如何助力个人成长	帮助企业员工快速认同并投入到组织中去，为企业发展贡献力量
	企业文化定位·落地一本通 王明胤　著	把高深枯燥的专业理论创建成一套系统化、实操化、简单化的企业文化缔造方法	对企业文化不了解，不会做？有这一本从概念到实操，就够了
生产管理	**精益思维：中国精益如何落地** 刘承元　著	笔者二十余年企业经营和咨询管理的经验总结	中国企业需要灵活运用精益思维，推动经营要素与管理机制的有机结合，推动企业管理向前发展
	300张现场图看懂精益5S管理 乐　涛　编著	5S现场实操详解	案例图解，易懂易学
	高员工流失率下的精益生产 余伟辉　著	中国的精益生产必须面对和解决高员工流失率问题	确实来源于本土的工厂车间，很务实
	车间人员管理那些事儿 岑立聪　著	车间人员管理中处理各种"疑难杂症"的经验和方法	基层车间管理者最闹心、头疼的事，'打包'解决
	1. 欧博心法：好管理靠修行 **2. 欧博心法：好工厂这样管** 曾　伟　著	他是本土最大的制造业管理咨询机构创始人，他从400多个项目、上万家企业实践中锤炼出的欧博心法	中小制造型企业，一定会有很强的共鸣
	欧博工厂案例1：生产计划管控对话录 **欧博工厂案例2：品质技术改善对话录** **欧博工厂案例3：员工执行力提升对话录** 曾　伟　著	最典型的问题、最详尽的解析，工厂管理9大问题27个经典案例	没想到说得这么细，超出想象，案例很典型，照搬都可以了
	工厂管理实战工具 欧博企管　编著	以传统文化为核心的管理工具	适合中国工厂

续表

生产管理	**苦中得乐:管理者的第一堂必修课** 曾　伟　编著	曾伟与师傅大愿法师的对话,佛学与管理实践的碰撞,管理禅的修行之道	用佛学最高智慧看透管理
	比日本工厂更高效1:管理提升无极限 刘承元　著	指出制造型企业管理的六大积弊;颠覆流行的错误认知;掌握精益管理的精髓	每一个企业都有自己不同的问题,管理没有一剑封喉的秘笈,要从现场、现物、现实出发
	比日本工厂更高效2:超强经营力 刘承元　著	企业要获得持续盈利,就要开源和节流,即实现销售最大化,费用最小化	掌握提升工厂效率的全新方法
	比日本工厂更高效3:精益改善力的成功实践 刘承元　著	工厂全面改善系统有其独特的目的取向特征,着眼于企业经营体质(持续竞争力)的建设与提升	用持续改善力来飞速提升工厂的效率,高效率能够带来意想不到的高效益
	3A顾问精益实践1:IE与效率提升 党新民　苏迎斌　蓝旭日　著	系统的阐述了IE技术的来龙去脉以及操作方法	使员工与企业持续获利
	3A顾问精益实践2:JIT与精益改善 肖志军　党新民　著	只在需要的时候,按需要的量,生产所需的产品	提升工厂效率
	手把手教你做专业的生产经理 黄　娜　著	物流、信息流、资金流,让生产经理管理有抓手	从菜鸟到能把控全局
员工素质提升	**TTT培训师精进三部曲(上):深度改善现场培训效果** 廖信琳　著	现场把控不用慌,这里有妙招一用就灵	课程现场无论遇到什么样的情况都能游刃有余
	TTT培训师精进三部曲(中):构建最有价值的课程内容 廖信琳　著	这样做课程内容,学员有收获 培训师也有收获	优质的课程内容是树立个人品牌的保证
	TTT培训师精进三部曲(下):职业功力沉淀与修为提升 廖信琳　著	从内而外提升自己,职业的道路一帆风顺	走上职业TTT内训师的康庄大道
	培训师,如何让你的事业长青:自我管理的10项法则 廖信琳　著	建立了一套完整的培训师自我管理体系,为培训师的职业成长与发展提供有益的指引	培训师如何在自己的职业道路上越走越高,事业长青,一直有所收获与成长? 本书将给你答案
	管理咨询师的第一本书:百万年薪 千万身价 熊亚柱　著	从问题出发,发现问题、分析问题、解决问题,让两眼一抹黑的新人快速成长	管理咨询师初入职场,让这本书开启百万年薪之路
	手把手教你做专业督导:专卖店、连锁店 熊亚柱　著	从督导的职能、作用,在工作中需要的专业技能、方法,都提供了详细的解读和训练办法,同时附有大量的表单工具	无论是店铺需要统一培训,还是个人想成为优秀的督导,有这一本就够了

续表

员工素质提升	**跟老板"偷师"学创业** 吴江萍　余晓雷　著	边学边干，边观察边成长，你也可以当老板	不同于其他类型的创业书，让你在工作中积累创业经验，一举成功
	销售轨迹：一位快消品营销总监的拼搏之路 秦国伟　著	本书讲述了一个普通销售员打拼成为跨国企业营销总监的真实奋斗历程	激励人心，给广大销售员以力量和鼓舞
	在组织中绽放自我：从专业化到职业化 朱仁健　王祥伍　著	个人如何融入组织，组织如何助力个人成长	帮助企业员工快速认同并投入到组织中去，为企业发展贡献力量
	企业员工弟子规：用心做小事，成就大事业 贾同领　著	从传统文化《弟子规》中学习企业中为人处事的办法，从自身做起	点滴小事，修养自身，从自身的改善得到事业的提升
	手把手教你做顶尖企业内训师：TTT培训师宝典 熊亚柱　著	从课程研发到现场把控、个人提升都有涉及，易读易懂，内容丰富全面	想要做企业内训师的员工有福了，本书教你如何抓住关键，从入门到精通

营销类：把客户需求融入企业各环节，提供"客户认为"有价值的东西

	书名．作者	内容/特色	读者价值
营销模式	**精品营销战略** 杜建君　著	以精品理念为核心的精益战略和营销策略	用精品思维赢得高端市场
	变局下的营销模式升级 程绍珊　叶　宁　著	客户驱动模式、技术驱动模式、资源驱动模式	很多行业的营销模式被颠覆，调整的思路有了！
	卖轮子 科克斯【美】	小说版的营销学！营销理念巧妙贯穿其中，贵在既有趣，又有深度	经典、有趣！一个故事读懂营销精髓
	动销操盘：节奏掌控与社群时代新战法 朱志明　著	在社群时代把握好产品生产销售的节奏，解析动销的症结，寻找动销的规律与方法	都是易读易懂的干货！对动销方法的全面解析和操盘
	弱势品牌如何做营销 李政权　著	中小企业虽有品牌但没名气，营销照样能做的有声有色	没有丰富的实操经验，写不出这么具体、详实的案例和步骤，很有启发
	老板如何管营销 史贤龙　著	高段位营销16招，好学好用	老板能看，营销人也能看
	洞察人性的营销战术：沈坤教你28式 沈　坤　著	28个匪夷所思的营销怪招令人拍案叫绝，涉及商业竞争的方方面面，大部分战术可以直接应用到企业营销中	各种谋略得益于作者的横向思维方式，将其操作过的案例结合其中，提供的战术对读者有参考价值
	动销：产品是如何畅销起来的 吴江萍　余晓雷　著	真真切切告诉你，产品究竟怎么才能卖出去	击中痛点，提供方法，你值得拥有
	1000铁杆女粉丝 张兵武　著	连接是女性与生俱来的特质。能善用连接的营销人员，就像拿到打开女性荷包的钥匙	重新认识女性的传播力量
	360°谈营销：一位营销咨询师20年实战洞察 王清华　古怀亮　著	各个角度，全方位，多视点剥营销	思路单一，此书帮你破

续表

销售	**资深大客户经理:策略准,执行狠** 叶敦明　著	从业务开发、发起攻势、关系培育、职业成长四个方面,详述了大客户营销的精髓	满满的全是干货
	成为资深的销售经理:B2B、工业品 陆和平　著	围绕“销售管理的六个关键控制点”一一展开,提供销售管理的专业、高效方法	方法和技术接地气,拿来就用,从销售员成长为经理不再犯难
	销售是门专业活:B2B、工业品 陆和平　著	销售流程就应该跟着客户的采购流程和关注点的变化向前推进,将一个完整的销售过程分成十个阶段,提供具体方法	销售不是请客吃饭拉关系,是个专业的活计!方法在手,走遍天下不愁
	向高层销售:与决策者有效打交道 贺兵一　著	一套完整有效的销售策略	有工具,有方法,有案例,通俗易懂
	卖轮子 科克斯　【美】	小说版的营销学!营销理念巧妙贯穿其中,贵在既有趣,又有深度	经典、有趣!一个故事读懂营销精髓
	学话术　卖产品 张小虎　著	分析常见的顾客异议,将优秀的话术模块化	让普通导购员也能成为销售精英
组织和团队	**升级你的营销组织** 程绍珊　吴越舟　著	用“有机性”的营销组织替代“营销能人”,营销团队变成“铁营盘”	营销队伍最难管,程老师不愧是营销第1操盘手,步骤方法都很成熟
	用数字解放营销人 黄润霖　著	通过量化帮助营销人员提高工作效率	作者很用心,很好的常备工具书
	成为优秀的快消品区域经理(升级版) 伯建新　著	用“怎么办”分析区域经理的工作关键点,增加30%全新内容,更贴近环境变化	可以作为区域经理的“速成催化器”
	成为资深的销售经理:B2B、工业品 陆和平　著	围绕“销售管理的六个关键控制点”一一展开,提供销售管理的专业、高效方法	方法和技术接地气,拿来就用,从销售员成长为经理不再犯难
	一位销售经理的工作心得 蒋　军　著	一线营销管理人员想提升业绩却无从下手时,可以看看这本书	一线的真实感悟
	快消品营销:一位销售经理的工作心得2 蒋　军　著	快消品、食品饮料营销的经验之谈,重点突出	来源于实战的精华总结
	销售轨迹:一位快消品营销总监的拼搏之路 秦国伟　著	本书讲述了一个普通销售员打拼成为跨国企业营销总监的真实奋斗历程	激励人心,给广大销售员以力量和鼓舞
	用营销计划锁定胜局:用数字解放营销人2 黄润霖　著	全方位教你怎么做好营销计划,好学好用真简单	照搬套用就行,做营销计划再也不头痛
	快消品营销人的第一本书:从入门到精通 刘　雷　伯建新　著	快消行业必读书,从入门到专业	深入细致,易学易懂

续表

产品	**产品研发管理实战** 任彭枞　编著	产品研发管理体系全指导	既有工具,又能开拓思路
	新产品开发管理,就用 IPD 郭富才　著	10 年 IPD 研发管理咨询总结,国内首部 IPD 专业著作	一本书掌握 IPD 管理精髓
	资深项目经理这样做新产品开发管理 秦海林　著	以 IPD 为思想,系统讲解新产品开管理的细节	提供管理思路和实用工具
	产品炼金术Ⅰ:如何打造畅销产品 史贤龙　著	满足不同阶段、不同体量、不同行业企业对产品的完整需求	必须具备的思维和方法,避免在产品问题上走弯路
	产品炼金术Ⅱ:如何用产品驱动企业成长 史贤龙　著	做好产品、关注产品的品质,就是企业成功的第一步	必须具备的思维和方法,避免在产品问题上走弯路
品牌	**中小企业如何建品牌** 梁小平　著	中小企业建品牌的入门读本,通俗、易懂	对建品牌有了一个整体框架
	采纳方法:破解本土营销 8 大难题 朱玉童　编著	全面、系统、案例丰富、图文并茂	希望在品牌营销方面有所突破的人,应该看看
	中国品牌营销十三战法 朱玉童　编著	采纳 20 年来的品牌策划方法,同时配有大量的案例	众包方式写作,丰富案例给人启发,极具价值
	今后这样做品牌:移动互联时代的品牌营销策略 蒋　军　著	与移动互联紧密结合,告诉你老方法还能不能用,新方法怎么用	今后这样做品牌就对了
	中小企业如何打造区域强势品牌 吴　之　著	帮助区域的中小企业打造自身品牌,如何在强壮自身的基础上往外拓展	梳理误区,系统思考品牌问题,切实符合中小区域品牌的自身特点进行阐述
渠道通路	**快消品营销与渠道管理** 谭长春　著	将快消品标杆企业渠道管理的经验和方法分享出来	可口可乐、华润的一些具体的渠道管理经验,实战
	传统行业如何用网络拿订单 张　进　著	给老板看的第一本网络营销书	适合不懂网络技术的经营决策者看
	采纳方法:化解渠道冲突 朱玉童　编著	系统剖析渠道冲突,21 个渠道冲突案例、情景式讲解,37 篇讲义	系统、全面
	学话术　卖产品 张小虎　著	分析常见的顾客异议,将优秀的话术模块化	让普通导购员也能成为销售精英
	向高层销售:与决策者有效打交道 贺兵一　著	一套完整有效的销售策略	有工具,有方法,有案例,通俗易懂
	通路精耕操作全解:快消品 20 年实战精华 周　俊　陈小龙　著	通路精耕的详细全解,每一步的具体操作方法和表单全部无保留提供	康师傅二十年的经验和精华,实践证明的最有效方法,教你如何主宰通路

续表

管理者读的文史哲·生活

	书名．作者	内容/特色	读者价值
思想·文化	**德鲁克管理思想解读** 罗　珉　著	用独特视角和研究方法，对德鲁克的管理理论进行了深度解读与剖析	不仅是摘引和粗浅分析，还是作者多年深入研究的成果，非常可贵
	德鲁克与他的论敌们：马斯洛、戴明、彼得斯 罗　珉　著	几位大师之间的论战和思想碰撞令人受益匪浅	对大师们的观点和著作进行了大量的理论加工，去伪存真、去粗存精，同时有自己独特的体系深度
	德鲁克管理学 张远凤　著	本书以德鲁克管理思想的发展为线索，从一个侧面展示了20世纪管理学的发展历程	通俗易懂，脉络清晰
	王阳明"万物一体"论：从"身－体"的立场看（修订版） 陈立胜　著	以身体哲学分析王阳明思想中的"仁"与"乐"	进一步了解传统文化，了解王阳明的思想
	自我与世界：以问题为中心的现象学运动研究 陈立胜　著	以问题为中心，对现象学运动中的"意向性""自我""他人""身体"及"世界"各核心议题之思想史背景与内在发展理路进行深入细致的分析	深入了解现象学中的几个主要问题
	作为身体哲学的中国古代哲学 张再林　著	上篇为中国古代身体哲学理论体系奠基性部分，下篇对由"上篇"所开出的中国身体哲学理论体系的进一步的阐发和拓展	了解什么是真正原生态意义上的中国哲学，把中国传统哲学与西方传统哲学加以严格区别
	中西哲学的歧异与会通 张再林　著	本书以一种现代解释学的方法，对中国传统哲学内在本质尝试一种全新的和全方位的解读	发掘出掩埋在古老传统形式下的现代特质和活的生命，在此基础上揭示中西哲学"你中有我，我中有你"之旨
	治论：中国古代管理思想 张再林　著	本书主要从儒、法墨三家阐述中国古代管理思想	看人本主义的管理理论如何不留斧痕地克服似乎无法调解的存在于人类社会行为与社会组织中的种种两难和对立
	车过麻城 再晤李贽 张再林　著	系统全面而又简明扼要地展示了李贽独到的学术眼力和超拔的理论建树	帮助读者重新认识李贽的思想
	中国古代政治制度（修订版）上：皇帝制度与中央政府 刘文瑞　著	全面论证了古代皇帝制度的形成和演变的历程	有助于读者从政治制度角度了解中国国情的历史渊源
	中国古代政治制度（修订版）下：地方体制与官僚制度 刘文瑞　著	全面论证了古代地方政府的发展演变过程	有助于读者从政治制度角度了解中国国情的历史渊源

续表

思想·文化	**中国思想文化十八讲(修订版)** 张茂泽　著	中国古代的宗教思想文化,如对祖先崇拜、儒家天命观、中国古代关于"神"的讨论等	宗教文化和人生信仰或信念紧密相联,在文化转型时期学习和研究中国宗教文化就有特别的现实意义
	史幼波《大学》讲记 史幼波　著	用儒释道的观点阐释大学的深刻思想	一本书读懂传统文化经典
	史幼波《周子通书》《太极图说》讲记 史幼波　著	把形而上的宇宙、天地,与形而下的社会、人生、经济、文化等融合在一起	将儒家的一整套学修系统融合起来
	史幼波《中庸》讲记(上下册) 史幼波　著	全面、深入浅出地揭示儒家中庸文化的真谛	儒释道三家思想融会贯通
	梁涛讲《孟子》之万章篇 梁　涛　著	《万章》主要记录孟子与万章的对话,涉及孝道、亲情、友情、出仕为官等	作者的解读能帮助读者更好地理解孟子及儒学
	两晋南北朝十二讲(修订版) 李文才　著	作为一本普及性读物,作者尊重史实,运用"历史心理学"的叙事方法,分12个专题对两晋南北朝的历史进行阐述	让读者轻松了解两晋南北朝的历史
	每个中国人身上的春秋基因 史贤龙　著	春秋368年(公元前770－公元前403年),每一个中国人都可以在这段时期的历史中找到自己的祖先,看到真实发生的事件,同时也看到自己	长情商、识人心
	与《老子》一起思考:德篇 史贤龙　著	打通文史,回归哲慧,纵贯古今,放眼中外,妙语迭出,在当今的老子读本中别具一格	深读有深读的回味,浅尝有浅尝的机敏,可给读者不同的启发
	说服天下:《鬼谷子》的中国沟通术 翟玉忠　著	由内圣而外王,从心力的培育到具体的说服理论,再到生动的说服案例	从商业到军事再到日常生活,沟通说服已经变得越来越重要
	郑子太极拳理拳法 杨竣雄　著	走进郑子太极拳完整训练体系的大门,随着书中另一主角——师父的课程安排与每日功课的练习	当您学完这套书后,在掌握拳架的同时具备诸多正确的太极理念与系统知识
	内功太极拳训练教程 王铁仁　编著	杨式(内功)太极拳(俗称老六路)的详细介绍及具体修炼方法,身心的一次升华	书中含有大量图解并有相关视频供读者同步学习
	中医治心脏病 马宝琳　著	引用众多真实案例,客观真实地讲述了中西医对于心脏病的认识及治疗方法	看完这本书,能为您节约10万元医药费